A LUTA PELA LIVRE-INICIATIVA

Alfredo Cotait Neto

A LUTA PELA LIVRE-INICIATIVA

Como minha trajetória profissional e experiência de vida moldaram uma visão sobre a independência econômica e o empreendedorismo brasileiro

© 2024 - Alfredo Cotait Neto
Direitos em língua portuguesa para o Brasil:
Matrix Editora
www.matrixeditora.com.br
❶/MatrixEditora | ❷ @matrixeditora | ❸ /matrixeditora

Diretor editorial
Paulo Tadeu

Capa
Fernando Schiavo

Projeto gráfico e diagramação
Danieli Campos

Consultoria iconográfica
Joaci Pereira Furtado

Revisão
Adriana Wrege
Silvia Parollo

CIP-BRASIL - CATALOGAÇÃO NA PUBLICAÇÃO
SINDICATO NACIONAL DOS EDITORES DE LIVROS, RJ

Cotait Neto, Alfredo
A luta pela livre-iniciativa / Alfredo Cotait Neto. - 1. ed. - São Paulo: Matrix, 2024.
192 p.; 23 cm.

ISBN 978-65-5616-480-9

1. Confederação das Associações Comerciais e Empresariais do Brasil.
2. Empreendedorismo. 3. Desenvolvimento econômico - Brasil. I. Título.

24-93428   CDD: 658.420981
                               CDU: 005.342(81)

Meri Gleice Rodrigues de Souza - Bibliotecária - CRB-7/6439

Sumário

A defesa do empreendedorismo **13**

A força do associativismo **31**

Não dependemos de ninguém **55**

CACB: uma agenda para a ação **93**

ANEXOS

Artigos na imprensa **102**

Discursos no Senado **148**

A Cesario e Jenny Cotait, meus pais,
cuja sabedoria e exemplo foram a base
da minha formação e inspiração.

Podemos não viver por centenas de anos, mas as realizações inspiradas pelo empreendedorismo podem deixar um legado duradouro, muito depois de partirmos.

"Ao Barulho da Lapa", loja tradicional do bairro, em 1934.

A defesa do empreendedorismo

1

Por vocação ou por força das circunstâncias, as pessoas passaram a empreender, em todos os setores de atividade econômica. Não é só o taxista, a cabeleireira, o eletricista, que são pequenos empreendedores. O analista de sistemas, especialista no meio digital, hoje é um autônomo. O advogado e os demais profissionais liberais também. Não têm emprego: têm trabalho.

A terceirização se individualizou, inclusive na indústria e nos serviços. As pessoas mudaram, assim como as relações de trabalho. Mesmo as grandes empresas de serviços oferecem cada vez menos emprego. Muitos trabalhadores deixaram o emprego formal e se tornaram autônomos, sem vínculo empregatício, ou, ainda, empreendedores pequenos ou individuais.

Essa é a razão pela qual o número de empreendedores no Brasil cresce exponencialmente. Os preços hoje são internacionais e as margens estão caindo – ou precisam cair, pelo alto grau de competitividade da economia digital global. E os encargos trabalhistas dos empregos formais são elevados demais no novo cenário. Não é fácil custear todos os encargos – como o previdenciário –, que vêm de uma legislação antiga.

Entre impostos e encargos, a empresa repassa ao setor público o equivalente a um salário e meio além do que o trabalhador recebe. Portanto, para o empregador no Brasil, o custo de um funcionário é de cerca de 2,5 vezes o salário que ele recebe. O trabalhador também arca com um custo elevado: para receber seu pagamento, deixa um quarto do dinheiro para o imposto sobre a renda das pessoas físicas (IRPF).

O Estado tem de cobrar impostos, essenciais para o desempenho do setor público. Porém, é preciso reorganizar o sistema. Ninguém quer que o Estado fique insolvente; ao contrário, é preciso que seja eficaz. O problema é o fato de concentrar a cobrança dos impostos sobre o salário, porque não há como a empresa arcar com todos esses custos, razão pela qual a onda da terceirização do trabalho vem crescendo. O sentido do futuro é esse. Entramos na era do empreendedorismo, em todo o mundo e especialmente no Brasil.

Já há no país cerca de 22 milhões de empresas ativas, segundo a Receita Federal. São sobretudo médios e pequenos empreendedores, gente que não depende de emprego – ou, muito pelo contrário, gera emprego e renda. Há dentro desse universo 13 milhões de pessoas registradas como microempresas individuais (MEIs). Representam cerca de 13% da população economicamente ativa e 50% das empresas de serviços.

Com as mudanças tecnológicas, econômicas e sociais, esse número só tende a crescer. O fortalecimento das plataformas digitais, a desinformalização do mercado de trabalho e a brutal queda na renda levam mais gente a trabalhar por conta própria. Cada cidadão vai se tornando um empreendedor.

De acordo com o Instituto Brasileiro de Geografia e Estatística (IBGE), o Brasil entrou na década de 2020 com uma população economicamente ativa de 100 milhões de pessoas, das quais quase 40 milhões ainda tinham carteira assinada, recebendo salário todo mês. Doze milhões trabalhavam no setor público. Até a metade de 2023, cerca de 7% do total, por volta de 7 milhões, estavam desempregados. Outros cerca de 40 milhões trabalhavam na informalidade. Estes entram nas estatísticas como autônomos, porque não estão nos registros do Ministério do Trabalho. A realidade é que grande parte dos cidadãos ativos no Brasil se transformou também em uma massa de empreendedores, a maioria deles pequenos e, com frequência, informais.

Assim como as empresas têm procurado terceirizar a mão de obra, o trabalhador também muitas vezes prefere receber como empreendedor individual, ou autônomo, porque, sem os impostos como pessoa física e os encargos trabalhistas, a renda dele praticamente dobra. A empresa paga melhor a colaboradores terceirizados e ainda economiza.

Sei disso por experiência. Na minha construtora, tenho muitos colaboradores que não são meus funcionários: cada um tem o seu CNPJ, eles têm outros clientes e recebem pelos serviços prestados, pois trabalham por produção. Estamos todos satisfeitíssimos. Sem os encargos que oneram a empresa quando oferece um emprego formal, eles ganham mais. Prestando serviço para mais pessoas, também aumentam sua renda.

Empresas com muitos colaboradores reduziram o emprego, porque há muitas amarras e encargos proibitivos, em um ambiente de alta competitividade e margens muito baixas. Depois da pandemia de covid-19, quando as empresas tiveram de se reinventar, digitalizando tudo que podiam e se tornando independentes do trabalho presencial, essa tendência se acelerou ainda mais.

Os empregos estão diminuindo, mas o empreendedorismo gera muito mais renda. A empresa individual e o trabalho autônomo não são mais um simples bico entre um emprego e outro, até porque o outro emprego, lá na frente, já não existe. O trabalho é a nova ordem. Hoje o cidadão quer ser empreendedor, mesmo pequeno. Presta um serviço, sem estar amarrado a uma empresa.

Essa transformação vem ocorrendo rapidamente em todas as atividades humanas, consolidada pela era digital. Não se gera mais emprego: gera-se atividade econômica, oportunidade, renda. Surge uma nova configuração para o futuro.

Apesar de ser uma grande força econômica, que envolve quase a metade da população ativa e a maior parte da produção de bens e serviços do país, o empreendedor tem pouca representação. Não importa o tamanho da empresa e o seu setor de atividade, os empreendedores têm interesses em comum, que são reduzir custos, aperfeiçoar o funcionamento do Estado

A luta pela livre-iniciativa

e melhorar o ambiente para os negócios no Brasil. O empreendedor precisa de liberdade.

A defesa do empreendedor se tornou mais necessária do que nunca. Os sindicatos foram importantes na discussão das questões coletivas, tanto pelo lado das empresas quanto dos trabalhadores. O trabalho do operário era realmente pesado, exigia-se muito dele, foi preciso protegê-lo. Esse diálogo se dava entre os sindicatos de trabalhadores e os sindicatos patronais.

Lojas de rua no bairro da Mooca, zona leste de São Paulo, 1998.

Com o tempo, a oferta de emprego pela indústria foi diminuindo, em razão dos processos de automação, e cresceu o setor de serviços. Mais recentemente, as plataformas digitais substituíram funções, ao mesmo tempo que criaram atividades. O colaborador do Uber, plataforma digital de transporte, é um microempresário. Qual é o seu sindicato?

Os empreendedores podem e devem se associar, no sentido de ser representados. Especialmente os trabalhadores autônomos, os micro e pequenos empreendedores, que não têm condições de fazer *lobby*, como as empresas maiores. Poucos ainda conhecem a Confederação das Associações Comerciais e Empresariais do Brasil (CACB), que reúne as Federações e, com estas, todas as Associações Comerciais do país, levantando as principais bandeiras do empreendedor, do menor ao maior, cujos interesses hoje coincidem cada vez mais.

As necessidades dos empreendedores, que sempre foram defendidas no Brasil pelas Associações Comerciais, dentro dos princípios norteadores da livre-iniciativa, hoje não são mais exclusivas dos grandes empresários. Nesse sentido, a CACB funciona como uma grande rede em favor do empreendedorismo e da liberdade econômica no Brasil, essenciais para a geração de renda e o progresso. Leva a influência que as Associações Comerciais já exercem no município e nos estados para o plano nacional, onde é decidida a maioria das pautas que interessam.

Com sede em Brasília, a CACB representa as 27 Federações das Associações Comerciais, nos 26 estados e no Distrito Federal. Por meio das Federações, agrega cerca de 2.300 Associações Comerciais, no mesmo número de municípios, em todo o país. Somente na Federação do Estado de São Paulo, são 420 Associações. No Brasil, com dois milhões de micro, pequenas e médias empresas associadas, não há outra instituição civil no país com essa capilaridade e força. Como sua base é formada voluntariamente, as Associações Comerciais podem tanto atuar no local onde funcionam, que é o município, quanto no plano federal, onde é resolvida a maioria de suas pautas, por meio das Federações reunidas na CACB.

Posse de Alfredo Cotait Neto na CACB, 2022.

É bom lembrar que Associação Comercial, apesar do nome, não se refere ao comércio. O termo "comercial" tem o sentido tradicional e histórico de empresa, *lato sensu*. As Associações Comerciais abrangem todas as atividades empresariais do setor privado: além do comércio, todos os serviços, a indústria, os profissionais liberais e o agronegócio.

A atividade da Associação Comercial também não tem relação com o tamanho do negócio. Ela é mais identificada como uma entidade representativa de grandes empresas, mas, na realidade, atua em favor dos empreendedores pequenos, micro e individuais. Ela é a célula que impulsiona o crescimento de qualquer empresa, até que se torne grande. A CACB e a Associação Comercial de São Paulo, em especial, tiveram importante participação na longa batalha pela elaboração e aprovação de toda a legislação que facilitou a criação e a administração da microempresa, como o Sistema Integrado de Pagamento de Impostos e Contribuições das Microempresas e Empresas de Pequeno Porte – que ficou conhecido como SIMPLES. Assim como, depois, participaram da elaboração da legislação referente à Microempresa Individual (MEI), em 2006.

A Associação Comercial é o centro da discussão comercial da cidade. Os empreendedores estão todos ao seu redor, e ela os representa. É a base local por meio da qual se discutem melhorias com o prefeito, por exemplo. Presta serviço para melhorar o ambiente comercial no município e trabalha para a geração de renda. Cada Associação tem estrutura própria – sede, telefone e governança –, com presidente e diretoria, além de executivos que cuidam do dia a dia, com a prestação de serviço e as ações institucionais.

A luta pela livre-iniciativa

Cada Associação inventa a si mesma e tem sua própria história. A de Maringá, por exemplo, influi muito no planejamento da cidade. Maringá é um brinco justamente porque a Associação cuida dela. Lá, nenhum prefeito assume o posto sem estar alinhado com o planejamento da Associação, que acompanha o desenvolvimento municipal de forma consistente e continuada.

As Associações Comerciais têm muita força localmente. Os prefeitos indicam alguém da Associação Comercial para a Secretaria de Desenvolvimento Econômico em 80% dos municípios brasileiros. É uma relação informal, mas ocorre na prática. Em 15% dos casos, esses secretários depois acabam se tornando prefeitos.

Isso é muito relevante. As Associações Comerciais são entidades políticas, ainda que apartidárias. Preparam quadros políticos. Depois de passar pela Secretaria, alguns dos associados se tornam vereadores ou deputados, quando não prefeitos. Assim, as Associações são um grande celeiro de gestores públicos.

Um dos seus papéis é estimular o desenvolvimento político do empreendedor. Como a Associação Comercial discute o tempo inteiro a política da cidade, estimula a formação de líderes para cuidar dos municípios. Tem uma importância muito grande na vida cotidiana das empresas e dos empreendedores.

Unidas, as Associações Comerciais são responsáveis por grandes mudanças, sempre em defesa da livre--iniciativa e do empreendedorismo. A redução de impostos, a racionalização do poder público, bem como a defesa da liberdade política e econômica, são fruto, em grande parte, da sua ação.

As associações promoveram, ainda, programas nacionais e estaduais de desburocratização e outras medidas visando ajudar o comércio. Eu mesmo contribuí com a aprovação, no Senado, do projeto de Lei do Cadastro Positivo, que melhora a oferta de crédito, com muitas vantagens para o consumidor e para o lojista.

Por muito tempo, a liderança foi exercida no Brasil pela Associação Comercial de São Paulo (ACSP), que sempre tomou a iniciativa de estimular o empreendedorismo, tanto no plano estadual como nacional. Na sua própria constituição de origem, as Associações Comerciais eram de elite, tendo em seu quadro os grandes empresários da indústria e dos bancos, além do comércio varejista. Porém, essa história sempre foi mais vinculada à figura do empreendedor, de maneira mais ampla. Com a multiplicação das MEIs, essa ação ganhou dimensão muito maior.

A rede permite que a imensa base das Associações Comerciais possa unir-se em torno da defesa de seus interesses no plano federal. Os presidentes das 27 Federações que reúnem as Associações Comerciais de cada estado integram o conselho deliberativo da CACB. Embora as Federações e Associações tenham executivos para dirigi-las, esses representantes são também todos empreendedores, que dedicam voluntariamente de um a dois dias por semana à instituição, por saberem a importância que isso tem para suas empresas, para a comunidade de negócios e para o desenvolvimento do país, do qual todos dependemos.

A força do associativismo é esta: por meio da rede de empreendedores, podemos defender os direitos e interesses de todos os agentes econômicos, que precisam, acima de tudo, de liberdade, de forma a

A luta pela livre-iniciativa

poder trabalhar melhor. O grande tema, comum a todos, é o do crescimento econômico, além do aperfeiçoamento do ambiente para fazer negócios. Vamos melhorar cada vez mais.

Comemoração dos cinco anos da Lei da Liberdade Econômica, na Assembleia Legislativa de São Paulo.

***

A CACB tem todas as prerrogativas que as confederações sindicais têm. Como elas, por exemplo, a entidade pode entrar com recursos diretamente no Supremo Tribunal Federal, por meio da Ação Direta de Inconstitucionalidade (ADI) – com a vantagem da independência institucional, política e também econômica, que vem das Associações Comerciais formadoras da sua base, o que lhe confere legitimidade e permite que tenha mais força e visibilidade.

Claro, além das Associações Comerciais, há outras associações independentes do poder público. Na Associação Comercial de São Paulo, que já presidi, e de cujo Conselho Superior ainda faço parte, estamos muito próximos do Clube de Diretores Lojistas e da Confederação Nacional de Dirigentes Lojistas. No entanto, todas essas estruturas autônomas nasceram de alguma forma das Associações Comerciais. Têm similaridades e muita presença, mas não há nenhuma outra rede sem vínculo com o poder público do tamanho da CACB e a mesma capacidade de atuação. Somos necessários.

A rede de empreendedores que está na base do sistema se faz a partir de um movimento espontâneo. Quando o cidadão é também uma empresa, como ocorre cada vez mais no mundo de hoje, o direito à liberdade de empreender se confunde com o próprio direito à liberdade do indivíduo. Hoje, a defesa do pequeno empreendedor é também a do cidadão.

O empreendedor da nova economia está sobrecarregado, pede por mudanças, e é difícil nos livrarmos das amarras do passado. Elas não caem porque há quem defenda o sistema, desfrutando de alguma forma do gigantismo do Estado.

Hoje em dia é preciso encontrar outras fontes de receita. E todos sabem que o Estado gasta mal ou é movido por interesses, de maneira que está sempre sem recursos para funções essenciais, especialmente na segurança, na saúde e na educação. O primeiro passo é reduzir o tamanho do Estado, para que possa concentrar esforços naquilo que compete a ele. Hoje

A luta pela livre-iniciativa

Cotait na Associação Comercial de São Paulo, 2005.

pagamos imposto para bancar uma imensa máquina burocrática, nas três esferas do poder: municipal, estadual e federal. Temos condições de mudar isso.

A tarefa requer a estruturação do sistema das Associações e Federações, um amplo trabalho para aumentar a rede de defesa do empreendedorismo. Somos uma grande força numérica, econômica e política. Temas como a regulamentação da reforma tributária são essenciais para nós. Na sua aprovação, precisamos estar presentes. Na discussão da reforma do Estado também.

Nossa importância é grande e devemos participar, precisamos ter voz. A micro e a pequena empresa, o autônomo, o indivíduo que se tornou empreendedor tem de ser ouvido. Temos a sensação de que nos falta representação. Não podemos deixar que os políticos em Brasília nos ignorem.

No Brasil, o Estado nasceu antes da nação. A sociedade é que precisa dizer o que o Estado deve fazer, e não o contrário. O Estado deve estar mais a serviço da sociedade. Para isso, deve escutar a base. Essa é a importância do associativismo. As Associações ouvem a base e têm legitimidade e meios para bem representá-la.

Não estou falando apenas das empresas, mas de cada cidadão brasileiro. Só uma organização com uma estrutura independente dos recursos públicos, autoconstituída, de baixo para cima, formada pela base dos empreendedores e autônomos, pode se manifestar com liberdade e no legítimo interesse de quem sustenta a atividade econômica. Assim poderemos levar adiante as reivindicações do empreendedor, segundo os seus verdadeiros interesses.

Reunidas como uma grande rede de entidades independentes, por meio das Federações, e estas pela CACB, as Associações podem se manifestar e atuar de forma coordenada nas causas nacionais. Pelo associativismo, o pequeno se torna grande. Hoje as pessoas se defendem em rede. Queremos ocupar um espaço ao menos equivalente ao peso que tem na economia a base formada pelos nossos associados e todas as empresas individuais, micro e pequenas.

Nossa pauta é o crescimento econômico. Precisamos ajudar o país a entrar numa rota de progresso. Como presidente da entidade, minha visão é liberal: liberdade econômica, livre-iniciativa e geração de renda com trabalho.

A luta pela livre-iniciativa

Minha vida tem sido empreender. Não tenho emprego: estou no meio dos 40 milhões de pessoas que geram renda por conta própria.

Nessa rede está também o autônomo, o "informal". Até mesmo essa classificação, que divide as pessoas entre quem tem carteira assinada e o "informal", é inadequada. Informal sugere à margem, ou o marginalizado. A diferença entre o "formal" e o "informal" é apenas o fato de que o primeiro está preso a um sistema já antiquado, e o segundo está livre dele.

Para que o terreno fique aberto, há muita coisa a fazer, e levará tempo. E tempo é algo que as Associações Comerciais têm, pois sua história se confunde com a da própria livre organização da sociedade civil brasileira. Hoje se fala muito do conceito de rede, em razão das redes sociais, que são ambientes nos quais pessoas se reúnem para discutir e defender os mesmos interesses no meio digital. A realidade, porém, é que as associações funcionam assim desde o seu início. Por meio delas, os empreendedores já obtiveram grandes conquistas e contribuíram em larga medida para o desenvolvimento do Brasil. Estamos apenas diante de um novo capítulo dessa história.

Assinatura do projeto de lei de enquadramento das MPEs, 1988.

A força do associativismo

2

A ideia da rede, que parece tão contemporânea, cresceu com a era da comunicação digital, em que muita gente passou a ser uma unidade econômica ativa e geradora de renda. Esse, porém, sempre foi o espírito das Associações Comerciais, mesmo quando o associativismo não tinha as facilidades atuais. As Associações são a mais antiga, sólida e legítima instituição representante da auto-organização da sociedade comercial. Nascem de forma espontânea, pela reunião de pessoas com os mesmos interesses, e carregam essa tradição desde o Brasil Colonial.

No século XVIII, o Brasil não podia fazer comércio com ninguém, exceto Portugal. Nosso mercado era fechado. A grande mudança ocorreu em 1808, com a invasão francesa de Portugal, quando a Corte Real se mudou para o Brasil. D. João VI, então

Associação Comercial da Bahia.

príncipe regente, determinou a abertura dos portos, permitindo que o Brasil fizesse negócios com qualquer nação. Concedeu alvará para a construção da Praça do Comércio no Rio de Janeiro, que funcionava como um centro de negócios, vinculado ao porto. Outras cidades puderam fazer o mesmo.

Em 6 de julho de 1811, foi constituída a primeira Associação Comercial, em Salvador, na Bahia. O governador da capitania, D. Marcos de Noronha e Brito, oitavo Conde dos Arcos, recebeu no mesmo ano autorização para construir a Praça do Comércio. A Associação Comercial do Brasil, formada pelos empreendedores locais, passou a administrar as atividades da praça, inaugurada em 1817, junto ao porto, por onde chegavam mercadorias do mundo inteiro. Como um grande mercado, era nas Praças do Comércio que se fechavam os negócios e se anunciavam a chegada e a partida dos navios, com horários, destinos e cargas. Apregoada nas praças, essa informação tornava-se pública. Daí a expressão "aviso à praça", que se usava até há pouco tempo, para as comunicações comerciais.

Para aumentar o fluxo de vendas, os comerciantes precisavam dar crédito. E, para dar crédito, precisavam de informações sobre as pessoas. Queriam saber quem pagava e quem não pagava. Essa interação passou a ser administrada pela Associação Comercial, da qual participavam as indústrias, os bancos e o comércio.

Surgiram outras Praças do Comércio, com a constituição de outras Associações Comerciais, como a do Pará, em 3 de abril de 1819. Em agosto desse mesmo ano, foi a vez da Associação Comercial de Pernambuco. Todas têm histórias maravilhosas.

Por volta de 1850, com a introdução do café nas fazendas da região Norte e depois no Sudeste, onde ganhou muita força, o tráfego se intensificou.

Em São Paulo, a produção de café era escoada das fazendas do interior paulista pela São Paulo Railway,

Prédio da Associação Comercial de Pernambuco.

Alfredo Cotait Neto

Porto de Santos em 1888, por Benedito Calixto - Domínio Público.

inaugurada em 1867, e exportada pelo Porto de Santos. São Paulo cresceu rapidamente, com o surgimento de muitas companhias e sociedades anônimas, na década de 1870. Melhoraram as vias e o transporte público, surgiram serviços bancários, a economia paulista passou por um grande florescimento.

Em dezembro de 1870, foi fundada a Associação Comercial de Santos, junto com o desenvolvimento da infraestrutura portuária, para atender à demanda da exportação cafeeira.

Com a Associação, desenvolveu-se também um grande conhecimento sobre tudo que envolve a produção e a comercialização do café. A Associação Comercial de Santos fazia sua classificação e se tornou uma referência mundial nessa área.

Essa foi também uma época turbulenta, de muito debate. Havia a discussão da abolição da escravatura, com fazendeiros de café querendo ser indenizados pelo governo imperial, o que gerava muitos impasses

A luta pela livre-iniciativa

e entraves econômicos.

Em 1884, surgiu a Associação Comercial e Agrícola de São Paulo, que desempenhou um papel importante para o setor.

Rua da Quitanda, no bairro da Sé. (São Paulo, 1887, Militão Augusto de Azevedo).

Mas foi em 1894, sob a liderança de Antônio Proost Rodovalho, junto com alguns empreendedores, que foi fundada a Associação Comercial de São Paulo. Com sede inicialmente na Rua do Comércio, esquina com a Rua da Quitanda, era a primeira Associação Comercial não diretamente vinculada a um porto marítimo. As mercadorias vinham pelo rio Tamanduateí, eram descarregadas e subiam pela Ladeira Porto Geral – ela tem esse nome em função justamente do porto fluvial –, que dava na Praça do Comércio. O rio foi canalizado, hoje ninguém o vê, mas a atual sede da ACSP, na Rua Boa Vista, perto do Pátio do Colégio e da Ladeira Porto Geral, até hoje paga o laudêmio – taxa cobrada de terrenos administrados pela União.

Prédio da Associação Comercial de Santos.

Alfredo Cotait Neto

Associação Comercial e Agrícola de São Paulo, no Viaduto do Chá, 1884.

A luta pela livre-iniciativa

O período da Lei Áurea, assinada em 1888, e da Proclamação da República, em 15 de novembro de 1889, foi de grandes mudanças. À frente do movimento, os militares reestruturaram o aparelho do Estado. A Associação Comercial se empenhou na criação, em julho de 1890, da Junta Comercial de São Paulo, independente da Junta Comercial do Rio de Janeiro, que controlava as atividades do Porto de Santos por meio de uma inspetoria. Em 1892, a Empresa de Melhoramentos do Porto de Santos se transformou na Companhia Docas de Santos, o que deu novo impulso ao estado, no auge da comercialização do café.

Surgiam novas atividades econômicas, com o desenvolvimento da livre-iniciativa. Ganhou força

Comunicado de instalação da Junta Comercial de São Paulo, 1890.

Porto de Santos na época de sua inauguração.

Antônio Proost Rodovalho.

o comércio, tanto atacadista quanto varejista. Sob a liderança de Antônio Proost Rodovalho, a ACSP reunia empreendedores de todos os ramos de negócio, incluindo a indústria, que se desenvolvia com a capitalização gerada pela exportação cafeeira.

Nessa primeira etapa, a ACSP contribuiu, inclusive com capital, para a organização de empresas e serviços privados e públicos de grande importância para o desenvolvimento de São Paulo, como a Companhia de Gás de São Paulo e a Companhia Cantareira de Água e Esgotos. A Associação assumia a responsabilidade pela promoção dos serviços públicos numa época em que o Estado era ainda muito deficitário e não tinha capacidade para fazer todos os investimentos de infraestrutura necessários.

Ao longo dos anos, as Associações Comerciais intervieram em momentos importantes, não apenas para as atividades econômicas locais, mas também para todo o Brasil. Em colaboração com as políticas estratégicas

Represa da Cantareira no início do século XX.

do país, defenderam as boas práticas do comércio, de forma a garantir os processos legais nos negócios e resolver crises. Suas maiores bandeiras estiveram ligadas à manutenção de um sistema fiscal justo, com um equilíbrio entre as necessidades do Estado, como promotor do serviço público, e da iniciativa privada, com o empreendedorismo e o desenvolvimento.

As Associações sempre atuaram de forma a proteger o ambiente de negócios e contornar crises econômicas, sobretudo em tempos turbulentos da política interna brasileira. Com esse fim, em 1912, o presidente da Associação Comercial do Rio de Janeiro, Barão de Ibirocahy, liderou com os demais presidentes a criação da Federação das Associações Comerciais do Brasil, que na época reunia as entidades dos estados de Alagoas, Bahia, Ceará, Espírito Santo, Pará, Paraná e Sergipe, além do Rio de Janeiro. Foi a origem da CACB, que em 1963 tomou o nome de Confederação das Associações Comerciais do Brasil. Funcionou na sede da Associação Comercial do Rio de Janeiro até 1994, quando foi constituído o núcleo operacional de Brasília, para onde acabou por se transferir, em 1999. Então, a entidade passou a se chamar Confederação das Associações Comerciais e Empresariais do Brasil.

Barão de Ibirocahy.

Um momento importante na história das Associações Comerciais foi o da Constituição de 1934 e dos governos de Getúlio Vargas. Por conta da política de Vargas, discutiram-se mudanças, como o pagamento de horas extras aos trabalhadores, a delimitação do horário de funcionamento dos estabelecimentos comerciais e a taxação de vendedores ambulantes.

Quando Vargas criou os sindicatos, encampou também as empresas, com a instituição dos sindicatos

O ex-presidente do Brasil, Getúlio Vargas.

patronais, com uma receita garantida por meio do desconto, pelo governo, das contribuições sindicais recolhidas na fonte, assim como os impostos. As federações sindicais patronais, como a Federação das Indústrias do Estado de São Paulo (Fiesp), criada em 1931, saíram todas de dentro da ACSP. A Fiesp passou a representar o patronato nas negociações sindicais coletivas. Com o tempo, surgiram ainda as confederações, no papel de centrais dos sindicatos patronais. Em 1938, foi a Confederação Nacional da Indústria (CNI). No mesmo ano, dezesseis sindicatos patronais, com apoio de antigos dirigentes da ACSP, criaram a Federação do Comércio de São Paulo, instalada em 1939 como entidade sindical dos empreendedores do comércio em todo o estado.

A luta pela livre-iniciativa

Prédio da Fiesp em 1989.

Conselho Nacional do Sesi, 1946.

Com os sindicatos da indústria, do comércio e, por fim, dos bancos, a figura da Associação Comercial foi sendo mais identificada como a de representante do varejo. Porém, as Associações mantiveram sua identidade como representantes dos empreendedores, desvinculadas do governo, englobando todas as atividades econômicas e preservando sua história e sua representatividade, ligada à força liberal.

Esse papel se mostrou ainda mais importante quando, em 5 de julho de 1939, Vargas aplicou um golpe de Estado. No pacote de medidas autoritárias, estavam os dispositivos do decreto nº 1.402, de 5 de julho, que regulavam a constituição e o funcionamento dos sindicatos. Pela redação ambígua, todo tipo de associação historicamente constituída se transformava em sindicato e deveria se submeter a suas regras – o que incluía as Associações Comerciais. Junto ao Ministério do Trabalho, a ACSP defendeu sua posição, como entidade civil, com prerrogativas de organismo técnico e consultivo, autônoma e livre, inclusive para expressar opiniões.

Apesar da pressão do governo federal e do movimento autoritário que precedeu a conflagração da

A luta pela livre-iniciativa

Segunda Guerra Mundial, a ACSP se opunha ao aumento do Imposto de Indústrias e Profissões, previsto pelo governo estadual, e defendeu, com sucesso, a redução da taxa do Imposto de Vendas e Consignações.

Um ano depois, em 1940, a entidade pediu moratória para as dívidas dos agricultores, que se encontravam em situação crítica. Criou, ainda, o Conselho de Associações Filiadas, para cooperar com os sindicatos e promover a expansão da rede, com a multiplicação de Associações Comerciais em todos os municípios onde ainda não existiam.

Só podia fazer isso quem era independente de governos – mas, para continuar assim, havia uma dificuldade a superar. A tentativa do presidente de encampar as Associações Comerciais, para poder na prática controlá-las, indicava que precisavam ser financeiramente independentes, de forma a preservar sua autonomia, sua identidade e seus propósitos.

Expedicionários brasileiros na Itália, 1945.

A ACSP procurou se fortalecer com novos associados, que contribuíam voluntariamente para a sua manutenção. Surgia uma demanda por serviços que podiam proporcionar uma receita capaz de garantir a independência econômica das Associações, base da sua independência institucional.

Da Carta de Teresópolis, saiu a recomendação para a criação de duas instituições de serviço do comércio. A primeira era o Serviço Nacional de Aprendizagem Comercial (Senac), com a missão de qualificar os jovens, numa época de crescimento da demanda pelo trabalho qualificado. A outra foi o Serviço Social do

Brasílio Machado Neto discursando durante cerimônia de posse.

Comércio (Sesc), de modo a promover o bem-estar dos trabalhadores ligados à atividade comercial, bem como de seus familiares, com serviços de lazer, cultura e assistência médica.

Federação Nacional do Comércio.

Em 1946, o presidente da ACSP, Brasílio Machado Neto, tornou-se também o primeiro presidente da Federação do Comércio, como entidade sindical patronal do setor, assim como do Sesc e do Senac. O primeiro centro do Sesc foi inaugurado em 1947, na Avenida Celso Garcia nº 2.424. Logo, porém, houve a separação entre a ACSP e a Fecomércio. As entidades formadas pelas diferentes federações surgiram nessa época. A Confederação Nacional do Comércio (CNC) apareceu em 1945, no Estado Novo, o primeiro governo Vargas; a Confederação Nacional da Agricultura (CNA) veio em 1951. A Federação Brasileira de Bancos (Febraban) foi a última, em 1967.

Primeira unidade do Sesc, 1947.

No seu desenvolvimento, a ACSP dedicou-se às pequenas e médias empresas, que aos poucos entravam no escopo do seu atendimento. Um importante serviço surgiu pela demanda do comércio, que precisava de informações das pessoas das diferentes empresas, muitas delas concorrentes entre si, para poder vender a crédito. Os lojistas levaram a ideia para a ACSP, de forma que ela fosse a depositária dessas informações prestadas pelo comércio, para o uso do crediário. Associação não tem fins lucrativos, mas pode ter uma atividade empresarial, desde que preste atendimento e serviços somente para seus associados.

Assim, em 1956, foi criado um serviço nesse modelo – o Serviço de Proteção ao Crédito (SPC), iniciativa pioneira que reunia informações de todo o varejo, loja por loja. As lojas forneciam informação dos seus clientes, na época, por telefone; cada cliente tinha uma ficha e, quando alguém não pagava uma conta, era negativado, isto é, informava-se que estava devendo. A Associação dava a informação e os associados pagavam pelo serviço. O sistema deu tão certo que o modelo passou a ser adotado em outros estados.

Em 1972, com a Fiesp, a Fecomércio e o Banco de Desenvolvimento do Estado de São Paulo (Badesp), a ACSP participou da montagem do Centro Brasileiro de Apoio à Pequena e Média Empresa (Cebrae), um segmento considerado promissor. O Cebrae cresceu, estendendo-se a todos os estados brasileiros. Em outubro de 1990, foi retirado da administração pública e convertido em serviço social autônomo, quando passou a se chamar Serviço Brasileiro de Apoio às Micro e Pequenas Empresas (Sebrae).

Na mesma linha, dois anos depois, em 1974, foi criado dentro da ACSP o Núcleo de Assistência Gerencial à Pequena e Média Empresa (NAG),

Na década de 1970, o lançamento do SPC e do Telecheque.

coordenado pelo Instituto de Economia. O foco era promover a gestão adequada de empresas menores, com um diagnóstico empresarial, informação qualificada e treinamento. Por meio de um contrato com o Fundo de Pesquisa do Instituto de Administração, vinculado à Faculdade de Economia e Administração da Universidade de São Paulo, a entidade passou a oferecer um programa de assessoria gerencial a pequenos e médios empreendedores e treinamento para o mercado de trabalho.

Havia, nessa época, grande preocupação com a intervenção estatal na economia. Esse foi o sentido de dois congressos empresariais marcantes, que produziram dois documentos importantes: a Carta de Porto Alegre e a Carta da Bahia, em 1975. Defendiam uma maior participação do empresariado no poder público. A ACSP propunha, então, a criação de um conselho formado por integrantes do governo, da iniciativa privada e da Academia, que colaborasse com a distensão política, com a volta à normalidade democrática e com o restabelecimento da liberdade econômica.

Dentro do seu perfil de defesa dos assuntos pertinentes ao empreendedorismo em geral, as Associações Comerciais se mantinham como entidades políticas, mas não partidárias. Em São Paulo, em 1976, pela primeira vez houve uma disputa entre dois candidatos. O da situação foi Felipe Kheirallah, que tinha a aura dos velhos cardeais. Quem veio a pleitear a presidência, fazendo oposição, foi Paulo Maluf, que já tinha sido prefeito biônico de São Paulo e, assim, quebrava certa tradição da Associação, de não aceitar os empresários mais ligados à política.

A luta pela livre-iniciativa

Paulo Maluf como presidente da Associação Comercial de São Paulo.

Maluf ganhou a eleição e transformou a Associação numa entidade com viés eleitoral, embora ainda não partidária. Convidou Guilherme Afif Domingos para fazer parte da diretoria. Guilherme ficou responsável por algumas áreas da entidade, entre elas o *Diário do Comércio*.

Guilherme Afif Domingos como presidente da Associação Comercial de São Paulo, em reunião de Associações Comerciais (Livro Facesp 50 anos).

Como presidente, Maluf movimentou a Associação para ajudá-lo na disputa pelo governo de São Paulo. Concorreu com o então governador Laudo Natel ao posto de candidato do Partido Democrático Social (PDS) à sucessão do próprio Natel. A escolha dentro do partido era praticamente a definição da eleição estadual, já que o governador era então escolhido por um Colégio Eleitoral, no qual o partido, alinhado com o governo federal, tinha maioria.

Maluf viajou por todo o estado, utilizando a estrutura das Associações Comerciais para visitar cada cidade. Quando chegava, perguntava quem era o delegado local do PDS, que votava na convenção. Ia lá, abraçava a pessoa, ficava amigo. Com o apoio do governo federal, Laudo Natel achava que ganharia. Porém, com aquele trabalho, que sabia fazer muito bem, Maluf venceu a disputa: tornou-se o candidato do PDS e depois governador de São Paulo.

Acima, Mario Jorge Germanos. À direita, Laudo Natel e Boaventura Farina, em 1976.

A luta pela livre-iniciativa

Romeu Trussardi, Orestes Quércia e Guilherme Afif.

Quando ele foi para o governo, assumiu a presidência da ACSP Mario Germanos, vice-presidente, que completou o mandato. Depois, foi eleito Romeu Trussardi. Na sequência, veio Guilherme Afif Domingos, que deu um grande impulso à Associação. Tomou a iniciativa de muitas mudanças importantes, como a lei para discriminar o que o consumidor pagava de imposto no preço de venda, como ocorria nos Estados Unidos.

Tinha a preocupação de fortalecer a ACSP: a independência era essencial para a representatividade e para defendermos nossos legítimos direitos, tanto no plano local, das Associações, como regional, por meio das Federações, e nacional, em que atua a CACB. Foi então que Guilherme me pediu que consolidasse o SPC, como uma fonte de recursos capaz de garantir a autonomia da Associação. Uma necessidade que víamos para a entidade – e que combinava com um valor que sempre foi importante na minha trajetória pessoal.

Frente Contra a CPMF.

Não dependemos de ninguém

3

A ideia de não depender de ninguém, para mim, veio de família. Meus avós eram imigrantes, pessoas muito simples, que sempre trabalharam muito atrás desse objetivo. Muita gente com perfil empreendedor pode se identificar com essa história. Sei de que precisam os empreendedores, porque sentimos na própria pele.

Meu avô, Alfredo Cotait, de origem libanesa, veio para o Brasil antes da Primeira Guerra Mundial. Deixou no Líbano o filho pequeno, nascido em 1907, que viria a ser meu pai, por receio de não ter como cuidar dele aqui no Brasil. Era mascate – foi trabalhar na loja de tecidos que pertencia a um sobrinho, na 25 de Março, principal rua comercial da cidade de São Paulo, e vendia produtos pelo interior do estado. Morava na Avenida Angélica, onde minha avó morreu, depois de sofrer um atropelamento.

À esquerda, em cima, meu avô Alfredo Cotait. Acima, minha mãe Jenny. Ao lado, eu com meu pai Cesario Cotait.

A luta pela livre-iniciativa

Viúvo, estabeleceu-se em Vera Cruz, no interior paulista, onde comercializava café. Mais tarde, fixou-se em Garça. Meu pai, Cesario Cotait, seu filho mais velho, nasceu e ficou no Líbano: só veio para o Brasil aos 13 anos de idade. Embarcou em um vapor que saiu de Haifa, que era na Palestina, na época, em 1920.

Sem minha avó, meu avô Alfredo criou a família sozinho. Formou todos os seis filhos nascidos no Brasil. Só meu pai não teve formação completa. Era uma pessoa muito simples. Casou-se com minha mãe, Mathilde, mas todos a chamavam de Jenny. A razão disso é que um parente do meu avô materno foi registrá-la, quando nasceu, e, em vez de dar a ela o nome de Jenny, como lhe tinham pedido, chamou-a de Mathilde, sem contar para ninguém. Só mais tarde souberam que o nome oficial era outro.

Ao mudar-se de Garça, e novamente em São Paulo, meu pai se tornou um pequeno industrial. No Tatuapé, teve uma indústria de tecido, depois de seda, e outra de sapatos. Era de vida espartana, de muita simplicidade. Também de origem libanesa, nascida no Brasil, e de uma família mais estruturada, minha mãe teve mais instrução que meu pai. Estudou no Colégio Piracicabano, de orientação americana, dos mais requisitados.

Na crise de 1929, como tantos outros, meu avô materno, um importante industrial, sofreu uma derrocada financeira. Minha mãe teve que passar a trabalhar. Por um bom tempo, antes de se casar, foi professora de Inglês na Escola Americana Mackenzie, em São Paulo.

Meu pai sempre privilegiou a educação. Ele estudou no Líbano, mas não completou todos os estudos que gostaria aqui no Brasil, e enfrentou as

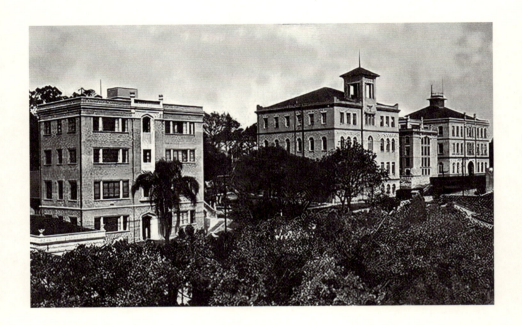

Colégio Mackenzie, 1932.

dificuldades da língua que todo imigrante encara. Queria que eu e minha irmã Lidia, que é a primogênita, pudéssemos estudar e nos formar. Fui muito aplicado. Puxei à minha mãe: estudava muito. Nunca anotava nada, só assistia às aulas, mas tinha o raciocínio muito rápido e boa memória. Desde pequeno fazia conta de cabeça. Depois que vendeu as indústrias, em 1960, meu pai começou a construir casas. Não tinha empresa – fazia isso como um investimento pessoal; construía e vendia, vendia e construía. Seu sonho era que eu fosse trabalhar com ele quando me formasse engenheiro. Porém, quando eu estava no último ano da faculdade, ele faleceu, em 1970, pouco antes de completar 63 anos.

Entre vários ensinamentos que me deixou, meu pai dizia: "Mesmo que você tenha dificuldades, não desanime; trabalhe por você, seja independente". Queria que eu abrisse uma empresa para trabalhar

A luta pela livre-iniciativa

por conta própria, independentemente das circunstâncias. Porém, com a morte dele, fiquei numa situação bastante difícil. Minha irmã tinha se casado e ido morar no Canadá para que meu cunhado, Newton, pudesse completar seus estudos em Medicina. Com o apoio da minha mãe, assumi os compromissos deixados por meu pai. Com apenas 23 anos, tive que fazer frente às despesas e necessidades da família, como pagar as contas com o tratamento médico pelo qual passou. O que sobrou foi a casa onde morávamos, que já era própria, na Rua Madre Teodora, no Jardim Paulista.

Eu precisava me virar. Falei para minha mãe: "Não temos como sobreviver, preciso trabalhar". Acabei a faculdade e arrumei emprego no Instituto de Pesquisas Energéticas e Nucleares (Ipen), na Universidade de São Paulo (USP). Depois entrei numa construtora, a GTO, como engenheiro de obras. Ia para o trabalho todo dia às seis da manhã, para fiscalizar obra. Fui sendo promovido, até virar diretor técnico. Então, no início de 1979, depois de oito anos de namoro, casei com Laila Ganme, que foi fundamental na minha vida. Tivemos três filhos. O primeiro, Cesarinho, nome que recebeu em homenagem ao meu pai, faleceu com um ano e meio de idade, em decorrência de um problema cardíaco congênito. Depois tivemos o Guilherme e o Alfredo Filho.

Deixei a GTO e fui trabalhar no meu próprio negócio, finalmente, em 1979. A Engetécnica está comigo até hoje. Eu a tinha constituído em 1972, com dois sócios: o Ricardo Cury e o Paulo Scaff. Enquanto trabalhávamos como assalariados, fazíamos também casinhas, como meu pai. É preciso aproveitar os

Laila, minha primeira mulher: importância fundamental.

Com meus dois filhos, Guilherme e Alfredo Filho. À direita, Ricardo Cury.

momentos favoráveis. O período de 1970 a 1978 foi muito bom para os negócios. O Brasil crescia 7% ao ano. Havia oportunidades para todo mundo. Ganhamos algum dinheiro. Como bem, eu só tinha a minha casa, mas acabamos amealhando alguns recursos. Fomos crescendo até o ponto em que dava para construir um prédio. Por fim, achamos que podíamos sair dos nossos empregos para nos dedicar à empresa em tempo integral.

De 1978 em diante, tivemos um período também muito bom. Construímos muitos prédios residenciais e comerciais na cidade de São Paulo. Nos anos 1980,

A luta pela livre-iniciativa

apesar dos efeitos da crise internacional do petróleo, ainda havia um resquício do crescimento da década anterior. Em 1982, houve uma maxidesvalorização da moeda. Ainda assim, tivemos condições de avançar no mercado.

Diversifiquei os investimentos. Eu tinha autorização do Banco Central para trabalhar no mercado financeiro, e, na época, aplicar em títulos ao portador era uma tendência. Aproveitando esse mercado, constituí com alguns amigos a Acréscimo Distribuidora de Títulos e Valores Mobiliários, ligada à Invesplan, instituição financeira criada por antigos executivos do Bradesco, com propostas inovadoras para a época. Após algum tempo, vendi a minha parte, mas não aguentei ficar fora do mercado financeiro por muito tempo. Em seguida, acabei aceitando o convite de amigos para abrir outra DTVM: a Checkinvest.

Tive muito sucesso dessa forma, até 1989. A Engetécnica tinha mais de trinta obras na carteira, com 2 mil pessoas trabalhando. Investia muito, gerava muito emprego. Aí, em 1990, elegeu-se presidente Fernando Collor de Mello. Foi o grande divisor de águas na minha vida profissional – e um dos fatores decisivos que me levaram a ver a importância do associativismo para a iniciativa privada.

Não defendo regimes militares, nem o do governo Augusto Pinochet, mas ele promoveu no Chile um choque liberal, com muito sucesso econômico. Teria sido melhor para o Brasil uma abertura econômica antes da política, como fez Pinochet, criando um cenário mais estável. Em 1986, fizeram no Brasil primeiro a abertura política, para depois fazer a abertura econômica. Bastou uma canetada do governo, quando Collor assumiu, em meio a um processo de inflação galopante, para a minha vida virar de cabeça para baixo.

Da noite para o dia, Collor baixou um pacote econômico que deixou todo mundo com o dinheiro na conta bancária bloqueado. No meu caso, com dinheiro bloqueado e quase 2 mil empregados para pagar.

Foi uma decisão errada do governo, justamente porque não ouviu a base. Todos sofremos as consequências, e muitos casos foram dramáticos. Na construção, como era normal no Brasil naquela época, grande parte das trinta obras que estávamos fazendo era a preço de custo. Todo mês os compradores pagavam a parcela e nós íamos levantando o prédio. De repente, ninguém tinha dinheiro para pagar nada. Os prestamistas diziam: "O dinheiro está bloqueado, como vou pagar?".

As obras ficaram paradas. E o que fazer com os meus 2 mil funcionários? Foi como se o governo dissesse para nós: virem-se.

Entre as medidas do pacote econômico daquele governo, acabaram as aplicações ao portador. Ninguém sabia como resgatá-las. Aqueles que tinham investido, claro, queriam seu dinheiro de volta de qualquer jeito. Porém, o dinheiro estava preso.

O Plano Collor me liquidou. Eu não sabia o que fazer. Depois o governo liberou um pouco o dinheiro, mas o estrago estava feito. A turma que tinha investido ao portador, apesar da mudança na moeda, de cruzado novo para cruzeiro, queria receber na nova moeda. Foi uma confusão. Eu passava noites no escritório. Era um pesadelo: problema para tudo quanto é lado.

Para as empresas brasileiras, o Plano Collor acabou sendo um desastre. Ele abriu as importações,

A luta pela livre-iniciativa

Fernando Collor de Mello como presidente do Brasil, 1990.

sem preparar as empresas para a competitividade. Assim, quebrou mais gente ainda. Só não perdi tudo o que havia amealhado em todos os meus anos de trabalho porque tive uma boa ajuda de pessoas que tinham algumas reservas. Entre elas, o meu sogro, o médico Antônio Ganme, uma pessoa maravilhosa. Ele administrava o Hospital Nove de Julho e recebia as faturas já na nova moeda. Eu havia reformado a parte velha e construído a parte nova desse hospital. Ele colaborou para que eu pudesse atravessar aquele momento turbulento.

Partindo do Plano Collor, a década de 1990 foi complicada. Depois de vinte anos realizando obras e ganhando bem, passei a viver me defendendo como podia. Faleceu Paulo Scaff, meu sócio na empresa de engenharia. Foi outro baque. Ficamos na sociedade somente eu e o Ricardo.

Fui liquidando ou vendendo a minha participação em todas as empresas nas quais tinha investido. Assim, pude reduzir as dívidas, sobretudo com os funcionários. Levei oito anos para resolver tudo. Em 1999, liquidei a última de minhas empresas. Deixei todos os negócios que não eram ligados a construção. Conservei somente a empresa de engenharia, focando o meu negócio original. É a minha profissão. Continuei realizando empreendimentos, inclusive o término das obras do Hospital Nove de Julho.

No fim, cheguei à conclusão de que todo o meu esforço não tinha valido a pena. Tinha algo errado naquela matriz sobre a qual eu fizera a minha vida. Até o governo Collor, eu quis crescer, sempre mais e mais. Aquela experiência, porém, mudou a minha cabeça completamente. Daquele jeito, não valia a pena ser empreendedor no Brasil. A gente trabalha, trabalha, gera emprego, luta, e de repente uma pessoa destrói tudo com uma simples canetada.

Hospital Nove de Julho, no bairro da Bela Vista, em São Paulo.

A luta pela livre-iniciativa

Resolvi olhar a vida de outra forma. Diminuí muito minhas atividades. Então, aconteceu. Eu já fazia parte da Associação Comercial de São Paulo, quando, em 1999, Guilherme Afif me convidou para ajudá-lo também na ACSP. Desde então, passei a dedicar uma parte da minha vida à entidade de forma voluntária – *pro bono,* isto é, sem receber remuneração.

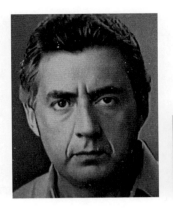

Guilherme Afif Domingos na campanha presidencial de 1989.

E isso restaurou a minha fé.

Somos muito ligados, eu e o Guilherme, por amizade de família. Ambos descendentes de libaneses, imigrantes do início do século XX, frequentamos o mesmo clube, o Monte Líbano. Sempre tivemos muita identificação.

Guilherme foi presidente da Associação Comercial de São Paulo entre 1982 e 1986, num período de abertura política, em que a tônica era a defesa do governo democrático e da livre-iniciativa. Desmontava-se o aparato estatal, que teve a função de investir em infraestrutura no regime militar, mas que com o tempo se transformou num modelo excessivamente centralista, burocrata e estatizante, com uma inflação que se tornou hiperinflação – um grave entrave ao crescimento.

Guilherme, em paralelo ao seu trabalho na Associação, formou um grupo que desenvolveu em São Paulo o Partido Liberal (PL), fundado no Rio de Janeiro em 1985 pelo então deputado federal Álvaro Valle, voltado para o ideário liberal e a defesa da livre-iniciativa. Colaborei com

Guilherme na organização do partido e depois em suas campanhas políticas. Na primeira, elegeu-se deputado constituinte, participando da elaboração da nova Constituição, promulgada em 1988. Em 1989, foi candidato à presidência da República, na primeira eleição direta em trinta anos, que acabou elegendo Collor.

Nessa época, durante a campanha, conheci um jovem originário do Fórum de Jovens Empreendedores da ACSP, Gilberto Kassab. Junto com ele, passei a ter uma participação mais efetiva na política partidária, e essa ligação se estendeu por muitos anos – inclusive em 1998, quando Kassab me convidou para assumir a Secretaria de Planejamento da cidade de São Paulo, em seu lugar, pois iria se desincompatibilizar para concorrer a uma cadeira na Câmara federal. Em 2007, quando assumiu a prefeitura de São Paulo, me convidou para ser o secretário de Relações Internacionais do município. Foram experiências ricas e importantes que ajudaram na consolidação de nossa amizade.

Gilberto Kassab: parceria e amizade.

A luta pela livre-iniciativa

Voltando a falar da época de Collor, Guilherme e eu continuamos colaborando na Associação Comercial. Minha participação era mais política. Eu achava que a Associação precisava ter um protagonismo maior. Ainda hoje, luto para que tenhamos uma democracia com liberdade de empreender e de expressão, e que não se permita que atitudes e decisões monocráticas de qualquer indivíduo alterem a estabilidade da vida nacional. Também não me conformo que um país rico como o nosso tenha tanta pobreza e uma desigualdade social dessa magnitude. Isso só acontece porque existe uma estrutura no poder que se apropria do excedente para benefício próprio e para atender aos seus privilégios.

Romeu Tuma, 2002.

Em 1994, ano em que o então ministro da Fazenda, Fernando Henrique Cardoso, implantou o Plano Real, estabilizando a moeda, fui procurado por Romeu Tuma, que vinha por quase dez anos ocupando o posto de diretor-geral da Polícia Federal. Queria entrar no PL para ser candidato ao Senado. Organizamos a legenda para isso. Embora não houvesse vínculo com a entidade, a ACSP indicou como

Fernando Henrique Cardoso em evento de 20 anos do Plano Real, 2014.

suplente na chapa de Tuma o seu então presidente, Lincoln da Cunha Pereira. Tuma se elegeu com 5,5 milhões de votos.

**

Guilherme promoveu grandes mudanças na ACSP. O período que se seguiu foi de grandes avanços liderados pela entidade. A Associação deu o impulso para a aprovação pelo Congresso, em 1996, do Estatuto da Microempresa, que facilitou a vida dos pequenos empreendedores, com a simplificação do recolhimento de impostos. Favorecia quem faturava menos, mas, no conjunto, representava um grande número de postos de trabalho criados e um alto valor em circulação de mercadorias.

Guilherme Afif me pediu, em 1999, que consolidasse o SCPC, no cargo de vice-presidente da área de serviços da entidade, algo que combinava comigo.

Apesar de sua origem e de sua natureza de congregar gente de negócios, a Associação não tinha uma mente empresarial na sua própria gestão. Eu sempre fui realizador. E sempre procuro fazer o melhor possível.

Lincoln da Cunha Pereira.

A luta pela livre-iniciativa

Luís Roberto Gonçalves.

Os prédios que construo primam pela qualidade. Minha cabeça é esta: tem de ser sério. Comecei a trabalhar na Associação da mesma forma.

A ACSP sempre teve duas frentes: a institucional e a de serviço. Como presidente, o Guilherme cuidava da parte institucional, em favor do empreendedor. Com meu parceiro Luís Roberto Gonçalves, também vice-presidente, eu cuidava da área de serviços, que gerava renda, para que a entidade pudesse ter sua atuação institucional. Precisava tornar a ACSP mais forte, a fim de que continuasse a ser independente.

O SPC vinha progredindo desde 1975, quando começou a informatização, mas era algo ainda muito primitivo. Já havia uma demanda pelos dados que o sistema gerava, e era preciso organizá-lo melhor internamente. Dediquei-me a transformar o SCPC num *business* – um negócio de verdade para a Associação. No início, instituímos algumas normas de governança. Discutimos como mudar o modelo, como criar um novo método, olhando para a frente.

Os associados pagavam pelo uso do serviço por meio de boleto, cobrado mensalmente. A Associação faturava com o SCPC cerca de 20 milhões de reais ao mês e gastava outros 20 milhões. Prestava o serviço e faturava em 30 dias. Não tinha margem de segurança alguma. Se surgisse um problema em um mês, faltaria recurso.

Tratamos de modernizar o serviço. O sistema de consultas, que vinha sendo computadorizado nos anos 1990, deu um salto naquela época com o aluguel de espaço nos servidores da TransBrasil, importante companhia aérea naquela época.

E com o apoio da informatização, juntaram-se todos os SPCs e os transformamos no SCPC.

Com o decorrer do tempo, evoluímos para a nossa base concentradora de dados. Eram três AS/400, que foram colocados no subsolo da sede da ACSP. Foi um

Servidores da companhia aérea TransBrasil: apoio importante.

trabalho enorme digitalizar aquelas fichas com os dados de todos os clientes. Mais tarde, desenvolvemos um sistema próprio que facilitava os registros, e em poucos segundos trazia a informação. O prazo de resposta das consultas passou a ser de alguns segundos.

Naquela época, existiam só dois birôs de informação ao crédito: a Serasa, criada por uma associação de bancos, que detinha as informações das empresas, mais voltada para a pessoa jurídica, e nós, que tínhamos a informação para o varejo, da pessoa física. E só nós tínhamos essa base de dados da pessoa física. Não havia outra forma de obter informações das pessoas.

Era um grande sucesso, mas, até então, o que se dava era apenas a informação do crédito negativo. Constava no sistema que a pessoa estava "negativada", o que cortava o crédito, mesmo que fosse uma dívida pequena. Em 1997, foi criada a Central de Crédito (CEC), para fornecer informações positivas sobre a pessoa física, de maneira a melhorar o serviço. Porém, ainda havia limitações. A maior delas era o fato de ser local. Cada associação tinha sua base de dados, mas eram bases isoladas umas das outras. As empresas, especialmente os bancos, reclamavam muito que as informações não eram nacionais. Não se atingia realmente o objetivo, que era ter mais segurança na oferta de crédito.

Para atender a essa demanda, era preciso aumentar a rede, com a nacionalização do sistema. Juntamos a base de dados de São Paulo, que atendia a capital e o interior do estado, com a do Rio de Janeiro e com a do Rio Grande do Sul. O Clube de Diretores Lojistas, por sua vez, formou a rede do restante do país no SPC Brasil, uma outra base de dados.

Em 2001, nós nos tornamos parceiros do SPC Brasil. Por um acordo entre todas as associações de todos os estados, formamos a Rede de Informações e Proteção ao Crédito (RIPC), depois rebatizada como Rede Nacional de Informações Comerciais (Renic). Isso deu amplitude ao serviço, no intuito de ampliar a abrangência geográfica e conceitual de informações, caracterizando a forte atuação nacional do SCPC.

Com a Renic, formou-se um cadastro único, com os dados de varejo do Brasil inteiro, que permitia trazer todas as informações para uma base centralizada em São Paulo. Quando alguém fazia a consulta, mesmo que fosse de um cliente vindo do estado do Amazonas para São Paulo, por exemplo, a informação chegava imediatamente.

Com a Renic, detínhamos informações da pessoa física em 80% do mercado brasileiro. A receita era compartilhada entre as Associações Comerciais, por meio de uma regra, proporcional ao número de consultas de cada estado. Além de dividir a receita, pagávamos pelas informações recebidas. Isso porque o importante é o banco de dados. As empresas produziam as informações e punham os dados na rede. Pagar pela informação era uma forma de estimular e enriquecer essa base.

A rede funcionava muito bem. Fazíamos a bilhetagem, as Associações Comerciais recebiam o dinheiro e ficávamos com uma taxa de administração. Fomos melhorando os controles, e tudo isso foi engordando o caixa do SCPC.

***

Em 2003, em nova gestão na ACSP e com iniciativas importantes, Guilherme Afif liderou uma campanha para discriminar os impostos no preço dos produtos, de modo a expor o valor que ia para o governo a cada venda. Era uma maneira de o cidadão se dar conta de quanto pagava de impostos e, ao mesmo tempo, usar essa conscientização para pressionar o governo pela redução da carga tributária e eficiência na gestão do dinheiro público.

Em 20 de julho de 2004, a ACSP organizou no Pátio do Colégio, no Centro de São Paulo, o "Feirão do Imposto", que mostrava quanto as pessoas pagavam de imposto em tudo que consumiam. Depois, o "Feirão" circulou por mais 26 cidades. Um ano mais tarde, foi instalado o Impostômetro, um painel eletrônico que mostra o montante de impostos pago pela população, atualizado

Feirão do Imposto no Pátio do Colégio, Centro de São Paulo (2004, Evandro Monteiro).

O painel do Impostômetro no centro de São Paulo.

em tempo real, que fez muito sucesso. Pendurado no prédio da ACSP, na face da esquina que dá para o Pátio do Colégio, está lá até hoje.

Em 2004, com o objetivo de criar um modelo de *score* para predição da inadimplência dos consumidores, implantamos no SCPC a área de modelos analíticos. Ela se expandiu e foram desenvolvidos modelos customizados, para atender às mais diversas demandas dos clientes. Com isso, o serviço cresceu muito. Ia maravilhosamente bem.

A luta pela livre-iniciativa

Com recursos acumulados, era um sistema vitorioso. A maioria das informações das pessoas físicas estava no nosso banco de dados. Mantínhamos uma relação amistosa e colaborativa com a Serasa, que detinha grande parte das informações das empresas, e com outro banco de dados, criado por uma junção de pequenas empresas, administrado pela Equifax – empresa privada internacional, presente em quinze países, que também só tinha informações de pessoa jurídica.

Em 2007, porém, tudo mudou. Nesse ano, os bancos – donos do serviço – venderam a Serasa para a Experian, empresa multinacional de origem inglesa de abrangência global. Isso alterou o equilíbrio do sistema. A Experian queria ganhar mercado, englobar os dados de pessoa física. Concorreria com o SCPC.

Sentimos que era necessário criar uma empresa privada, que pudesse assumir o serviço que nós prestávamos, e vendê-lo não apenas a associados, mas para todo o mundo. Para isso, precisávamos de recursos, de forma a investir em tecnologia e competir com a Experian. Naquela oportunidade, a Equifax nos procurou propondo uma fusão, que só não foi possível porque o SCPC era um serviço da Associação, e não uma empresa.

Seguimos desenvolvendo o serviço por conta própria. Em 2009, lançamos o Índice Nacional de Crédito ao Consumidor, nosso primeiro indicador nacional com base no movimento das consultas do varejo, que acompanhava e analisava o mercado brasileiro de crédito e consumo. Mostrava a tendência de vendas do comércio e projetava a taxa de inadimplência.

Levamos adiante a ideia de o SCPC funcionar como empresa privada. Em 2010, ainda na gestão Alencar Burti, iniciamos o processo. No início, não tínhamos um nome certo para a empresa, que acabou ficando com o nome da rua onde está a sede da Associação, no Centro de São Paulo. O SCPC passou a ser Boa Vista Serviços (BVS), uma empresa com fins lucrativos, que tinha inicialmente apenas a ACSP como única acionista, encampando os serviços que ela antes prestava internamente.

Era o caminho certo, como o tempo demonstrou.

***

Projeto Degrau em Mogi das Cruzes. Alencar Burti, presidente da ACSP, durante palestra.

No fim de 1999, Guilherme Afif também me convidou para assumir a presidência da Câmara de Comércio Brasil-Líbano, cargo que exerço até hoje. Essa foi uma grande oportunidade de criar uma liderança dentro de uma importante comunidade no nosso país, que conta com mais de 10 milhões de libaneses e seus descendentes. É um trabalho gratificante porque dá a oportunidade de relacionamento com pessoas de mesma cultura e valores.

No ano 2000, Romeu Tuma saiu do PL para disputar a prefeitura de São Paulo pelo Partido da Frente Liberal (PFL) -- ficou em quarto lugar, atrás de Marta Suplicy, de Paulo Maluf e de Geraldo Alckmin. Concluiu o mandato no Senado e, para se reeleger, em 2002, consultou novamente a ACSP, para que apontasse um suplente na chapa dele. A Associação indicou meu nome. Como eu o havia ajudado a ir para o PL, Tuma disse que devia a mim aquela aproximação com a legenda e aceitou a indicação. Fiz campanha junto com ele, e Tuma se reelegeu.

Eu havia frequentado o Senado com Tuma algumas vezes, e, quando ele faleceu, em 3 de novembro de 2010, sendo o suplente, assumi o mandato. Foi uma grande experiência, que me trouxe maior conhecimento sobre o Brasil.

No início de 2010, havia falecido minha querida esposa, Laila, o que me deixou desestruturado por algum tempo. Por isso, a mudança para Brasília me fez bem. Lá, respirei novos ares. Aprendi muito sobre a política brasileira. E, na cidade, viria a conhecer minha futura mulher, Ana Claudia Badra.

Para assumir o cargo no Senado, saí temporariamente da ACSP e, no que restava do mandato, trabalhei pela

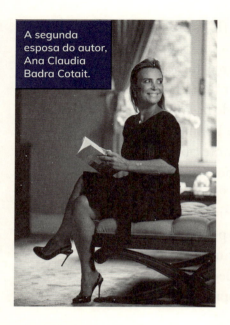

A segunda esposa do autor, Ana Claudia Badra Cotait.

À direita, Alfredo Cotait Neto, senador, presidente da Câmara de Comércio Brasil-Líbano.

aprovação do projeto de Lei do Cadastro Positivo, para o sistema funcionar como nos Estados Unidos. Até então, na Boa Vista Serviços, só prestávamos informação do cadastro negativo. Ele não era ruim somente para as empresas: bastava alguém deixar de pagar uma conta para ficar negativado. Aquilo tinha uma conotação desagradável, como se a pessoa tivesse o nome sujo na praça.

Alguém podia ter deixado de pagar uma conta, por alguma razão, mas estava pagando outras, como as prestações do financiamento da casa, o colégio dos filhos, a luz, o gás. O Cadastro Positivo estabelecia um *score*, em que as contas que a pessoa pagava também eram consideradas. Isso tirava o nome de muita gente da lista de negativados.

Aprovei no Congresso o projeto de Lei do Cadastro Positivo. Na hora da análise do crédito, a pessoa pode não ter pago a conta de luz do último mês, por exemplo, mas não fica bloqueada por isso, se já houver pago outras contas antes.

O Cadastro Positivo precisava ser lei porque, até então, não era possível usar informação privada. Com a aprovação do Cadastro Positivo, a lei passou a permitir que essa informação se tornasse pública, mas, por dificuldades da política, só entrou em vigor com sua regulamentação oito anos depois, em 2018. Hoje, na hora de conceder o crédito numa venda a prazo, a loja verifica se a pessoa é boa pagadora, e não se está negativada no momento. A aprovação do Cadastro Positivo foi um momento importante, histórico, que facilitou e aumentou muito a venda a crédito e o sistema de informação de todo o varejo.

***

Quando terminei o meu mandato no Senado, voltei à ACSP. A aprovação da Lei do Cadastro Positivo dava perspectivas, mas ainda não tinha sido implementada, e havia outros desafios na Boa Vista. Não conseguiríamos enfrentar uma empresa de capital internacional sozinhos.

Com o SCPC transformado em negócio privado, em sua conversão para Boa Vista, contratamos o banco BTG Pactual para fazer um *road show* no Brasil e no exterior, de maneira a encontrar um fundo de investimentos que pudesse fazer um aporte de recursos para a empresa. Poderíamos, assim, investir em tecnologia e competir com a Experian. Surgiu como interessado o fundo de *private equity* TMG, com liderança do empresário Luiz Francisco Novelli Vianna, que foi muito importante para o desenvolvimento da empresa.

Na venda da participação ao fundo, não conseguimos nacionalizar novamente o sistema. Devido a um insucesso na negociação, rompeu-se a Renic. Uma boa parte da rede, que estava dentro do antigo SPC Brasil, ligada ao Clube de Diretores Lojistas, acabou não aceitando as condições propostas pelo fundo TMG. Ao sair da Renic, num passo seguinte, seus representantes negociaram uma parceria com a Serasa/Experian, transferindo seu banco de dados de pessoas físicas. Dessa forma, além de ficar com a Serasa, a multinacional avançou também no serviço de pessoa física. Investindo muito em tecnologia, passou a concorrer diretamente conosco e a ganhar mercado também nas informações de pessoa física.

Com o SCPC, que tinha os dados do estado de São Paulo, ficaram na Boa Vista as bases da Associação Comercial do Paraná, do Clube de Diretores Lojistas do Rio de Janeiro e da Câmara de Dirigentes Lojistas de Porto Alegre. Mesmo com a ida do SPC Brasil para a Experian, esse serviço criado pela Associação – ao qual no início ninguém dava valor algum – foi precificado naquela época em 800 milhões de reais. Dessa forma, vendemos 30% da Boa Vista para o fundo TMG em 2011, recebendo 250 milhões de reais. Com esse dinheiro, fizemos um caixa para a Associação, que permaneceu como a maior acionista e deixou a gestão administrativa da empresa para o fundo. Fiquei como representante da Associação no Conselho de Administração da Boa Vista. E começamos a investir também em tecnologia, para competir com a Serasa Experian.

Nessa fase, foi a vez de o CEO internacional da Equifax, Rick Smith, de passagem pelo Brasil, nos

A luta pela livre-iniciativa

procurar novamente: "Não conseguimos sobreviver assim. Vocês não querem fazer negócio agora?".

Em maio de 2011, compramos a Equifax Brasil, numa troca de ações. A ACSP, que tinha com os demais parceiros 70% das ações de controle, ficou com 56%. O fundo TMG ficou com 23%, e a Equifax, com 11%.

Passamos a trabalhar para melhorar tecnologicamente as condições da prestação de serviço. Em 2012, investimos na aquisição da última geração de *mainframes* (Enterprise EC12) para a central de processamento de dados, o que aumentava a eficiência e permitia avançar no desenvolvimento de modelos e ferramentas de apoio à decisão de negócios. Era um sistema mais adequado à implantação do Cadastro Positivo, que ainda não tinha entrado em vigor, até porque, pela lei, exigia-se que o sistema tivesse pelo menos cinco anos de informação sobre uma pessoa para que se pudesse utilizá-la.

Enquanto a Lei do Cadastro Positivo não vigorava, criamos em 2013 o portal Consumidor Positivo, com acesso a serviços como o monitoramento de CPF por parte do comércio, a autoconsulta gratuita dos clientes, também pelo CPF, e a renegociação on-line de dívidas com o credor. Além disso, abastecemos o site com informações de educação financeira.

O Instituto de Economia passou a elaborar indicadores de desempenho do varejo por regiões administrativas e setores de atividade, utilizando a base de dados da Sefaz-SP, por meio de um convênio com a Secretaria da Fazenda do Estado de São Paulo. Criamos também o Indicador de Antecedentes do Varejo, que mostra a tendência das vendas por seis meses, como ferramenta auxiliar de planejamento. Em 2014, promovemos o Acertando suas Contas, maior campanha de promoção da sustentabilidade do crédito no Brasil. Por meio dessa iniciativa, mais de 800 mil famílias em todo o país puderam nesse ano renegociar suas dívidas.

Na Boa Vista, conseguimos trazer de volta para a base de dados uma parte das associações que haviam saído com o fim da Renic. Passamos a deter 20% do mercado, que cresceu rapidamente depois que a Lei do Cadastro Positivo começou a vigorar, em 2016. Nesse ano, ainda não havia dados suficientes. Para que eles pudessem entrar no sistema, era preciso que a pessoa – o cliente – autorizasse o banco a divulgar seus dados de crédito. Em 2018 a lei foi regulamentada, com autorização para uso direto desses dados, e houve um grande avanço da indústria. A partir desse momento, a Boa Vista Serviços compilava a informação, por meio de analistas, que passaram a criar produtos baseados no comportamento do consumidor. Crescemos muito.

Surgiram as *fintechs*, empresas digitais dedicadas a desenvolver negócios a partir dos dados que estavam nos bancos, além dos fornecidos pela rede. Os analistas passaram a desenvolver sistemas altamente sofisticados, de modo a preparar a Boa Vista para vender os produtos já orientados a um público-alvo, como "quem compra roupa de um certo tipo" ou "quem ganha acima de tal valor".

Hoje não basta deter o controle dos dados, mas saber usá-los. Trabalhados, os bancos de dados geram conhecimento. Esse conhecimento dá uma vantagem competitiva em qualquer negócio. Não são apenas informações de crédito. Seguro de vida, por exemplo. Pode-se criar um produto para orientar a venda, por exemplo, a pessoas acima de 60 anos.

Os especialistas modelam o produto e, por meio da varredura da rede, oferecem-no exatamente para o consumidor-alvo. Da mesma forma, o mercado financeiro oferece consórcio, cartão de crédito e uma infinidade de outros produtos.

Desde o início do serviço, quando as lojas só podiam saber quem eram os negativados, esse negócio se sofisticou muito, e ainda mais hoje, com os robôs e a inteligência artificial. Hoje em dia, para vender apartamentos, por exemplo, é possível saber, digamos, quantas pessoas de uma certa região recebem mais de 10 mil reais por mês. Os algoritmos rastreiam o banco de dados e entregam uma lista de pessoas com o perfil desejado. É o negócio do futuro. As coisas acontecem numa velocidade que nos deixa atordoados. Estamos assistindo a uma transformação total da sociedade.

Com esse perfil, a Boa Vista valorizou-se ainda mais. Em 2020, tínhamos atuando na empresa mais de cem analíticos, criando produtos assim – dez vezes mais que uma década antes. A demanda era muito grande. Cada cliente quer saber uma coisa diferente. Empresas com essa informação ganham uma importante vantagem sobre seu competidor.

A base de dados trabalhada pela Boa Vista foi muito importante para o crescimento desses clientes. Hoje está tudo na nuvem: o dado é capturado e processado de forma instantânea. É a beleza desse negócio: uma coisa que era feita manualmente, no passado, tornou-se de uma sofisticação tecnológica inacreditável.

***

De vice-presidente da ACSP, passei a presidente em 2019. Sempre fui da situação. Apareceu um candidato de oposição, houve uma disputa, ganhei a eleição. Quando assumi a presidência, passei a acumular a gestão das duas áreas: a de serviço e a institucional.

Repaginei a estrutura da Associação. Reformei as quinze distritais. Comentava com o pessoal da diretoria: é um erro colocar um engenheiro como eu na presidência, pois gosto de reformar tudo. E faço as coisas. Além das distritais, arrumei o prédio inteiro da sede da ACSP, inclusive o auditório e o térreo, onde funciona o posto de atendimento para orientar aqueles que querem abrir uma empresa e oferecer os serviços. No último andar, instalamos um restaurante Piselli, como o dos Jardins. Fica aberto ao público na hora do almoço.

Ampliamos e reorganizamos a área específica para o comércio exterior, que passou a promover encontros e missões internacionais. A sede da Federação, que também passei a presidir, foi para o quinto andar do prédio da ACSP. Está bem, com recursos, fazendo seu papel de cuidar da rede de Associações Comerciais em todo o estado de São Paulo, as quais visitei, uma a uma.

Demos mais um passo importante também na Boa Vista Serviços. Em outubro de 2020, em plena pandemia de covid-19, abrimos o capital da empresa, na Bolsa de Valores de São Paulo. Fazia pouco tempo que o *lockdown* vinha sendo flexibilizado. Em abril de 2020, as ações tinham desabado. O mercado acionário ainda estava voltando à normalidade. No nosso caso, vieram investidores do mundo inteiro. Os nove maiores fundos estrangeiros, principalmente americanos, compraram nossas ações. Esse negócio de banco de dados tem hoje um valor intrínseco fantástico.

A luta pela livre-iniciativa

Fachada da ACSP.

No leilão, a empresa foi valorada em 1,5 bilhão de dólares – cerca de 6 bilhões de reais. Todo mundo vendeu uma parte. Na ACSP, ficamos com uma participação de 31%. A Equifax, com 9%. O fundo TMG, 23%. Os outros parceiros, com 4,6%. E o mercado ficou com o restante. Com isso, a ACSP ficou com um caixa importante. Continuei como presidente do Conselho de Administração da Boa Vista Serviços, acompanhando tudo de perto.

Apesar desses avanços, faltou investimento em determinadas áreas, para acompanhar a velocidade de desenvolvimento do próprio mercado, com um crescimento muito grande da demanda. Não cumprimos a meta de acompanhar aquela expansão e, proporcionalmente, fomos perdendo espaço. A ação, que chegou a custar 14 reais, depois do lançamento caiu para 12 reais, depois para 11, e chegou a 4 reais. Avaliando o mercado e o momento, o CEO da Equifax Internacional, Mark Begor, propôs comprar 71% da empresa para deter 80% do capital, já que possuía 9%, com a condição da ACSP continuar como acionista, detendo os 20% restantes. Pagaria oito reais por ação – o dobro da cotação na Bolsa, naquele momento.

Negociei. Para ficar com 20% numa empresa de capital fechado, pedi um valor adicional. Criamos um contrato de não competição por 15 anos, período ao longo do qual teríamos ainda a receber mais 250 milhões de reais. Fizemos uma troca das nossas ações da Boa Vista e ficamos com a participação de 20% na Equifax Brasil, além de uma participação em ações (BDR) da Equifax Internacional. A Equifax Brasil, por sua vez, com 80% do controle pela Equifax Internacional, passou a deter 100% do controle da Boa Vista Serviços.

Restaurante Piselli na sede da ACSP.

Por uma decisão do Conselho de Administração, agora comandada pelo CEO da Equifax, Mark Begor, decidiu-se pela redução do capital da Boa Vista. Com isso, entraram para o caixa da ACSP mais 200 milhões de reais. Com esse dinheiro, além da compensação pela não competição e os BDRs, criamos uma renda para a entidade que praticamente a pereniza. Deixamos a ACSP com um caixa de mais de 800 milhões de reais, no total, além da participação na Equifax Brasil e a pequena participação na Equifax Internacional em BDRs, que também rende dividendos, pagos trimestralmente.

Digo que botei o dinheiro no cofre e joguei fora

a chave. A administração dos recursos é feita pelo Conselho Superior, que define as estratégias para a entidade.

A ACSP não tem fins lucrativos, mas precisa sobreviver. Justamente pela necessidade de buscar recursos próprios, tornou-se a entidade mais forte do país. Sua gestão hoje é muito profissional. Continuamos criando negócios, cujos dividendos ajudam a cobrir o caixa deficitário da área institucional.

A Equifax Brasil, que hoje detém o controle da Boa Vista, tem um plano para voltar a ganhar mercado e se transformar numa rede nacionalizada em cinco anos. É um grande investimento. A ACSP, de cujo Conselho Superior faço parte, passou a ser mera investidora, mas temos interesse em ajudar a empresa.

Para a Associação, foi uma operação vitoriosa. De minha parte, foram 24 anos de dedicação, transformando um serviço que mal conseguia se equilibrar em um negócio bilionário. E agora é um modelo a ser aplicado em escala nacional, na CACB.

***

Ainda na presidência da ACSP, criei outros negócios para a entidade, como a Faculdade do Comércio (FAC). O primeiro curso estava programado para começar em março de 2020. A faculdade fechou quando seria inaugurada, por causa da covid-19. Voltou após o *lockdown* e tornou-se um grande sucesso.

A FAC, para mim, era um caminho evidente. Não se pode ter uma entidade com 130 anos de existência, que faz um grande trabalho institucional, sem preocupação com a educação. Esse é o principal tópico do país, nossa maior necessidade, a grande demanda

A luta pela livre-iniciativa

da sociedade. Para diminuir a desigualdade no Brasil, não há outro mecanismo senão a qualificação das pessoas.

Sempre achei que tínhamos de estar ligados à educação. Com uma faculdade voltada para o comércio, não competimos com ninguém. Ela tem o intuito de orientar os comerciários a entender o comércio digital, sua logística, e assim por diante. Os alunos são os comerciários em geral.

Algumas empresas pagam para que os alunos frequentem o curso. A atividade presencial funciona na ACSP à noite, porque os alunos trabalham durante o dia. Porém, há 86 polos pelo Brasil, alcançados por meio do ensino a distância, com aulas ao vivo. Os professores não são meros acadêmicos. Todos trabalham na área, são profissionais do comércio.

No terceiro ano de funcionamento, a faculdade,

Faculdade do Comércio da ACSP.

na sede da ACSP em São Paulo, já contava com 2.500 alunos. Com toda a estrutura acadêmica, recebeu nota 5, a máxima atribuída pelo Ministério da Educação e Cultura (MEC). Foi considerada uma das cinco melhores faculdades de São Paulo, no *ranking* do jornal *O Estado de S. Paulo*.

Criamos uma sociedade de crédito direto para pequenos e microempreendedores. Não toma dinheiro, apenas empresta seus próprios recursos. Instituímos, ainda, uma aceleradora de *startups*. Ajudamos esse pessoal com uma consultoria, para que se organizem e criem as condições para se desenvolver. Na terceira edição desse programa, em 2024, inscreveram-se mais de 1.200 *startups*. Quando vemos uma boa *startup*, estudamos fazer um investimento ou a colocamos na nossa grade de oferta de serviços para os nossos associados.

A ACSP ganha em todas essas iniciativas, principalmente em imagem. Se fizéssemos marketing para a entidade, gastaríamos muito mais e não teríamos a mesma repercussão. Prestando serviços, temos um alcance ainda maior. Por isso, lançamos também a Central de Registro de Direitos Creditórios (CRDC), além do Balcão do Empreendedor, onde se pode desde adquirir um certificado digital até resolver conflitos trabalhistas e comerciais na Câmara de Mediação e Arbitragem, emitir certificado de origem para facilitar transações internacionais, registrar marcas e acessar serviços da Receita Federal. Minha mulher, Ana Claudia, que criou um Conselho para mulheres empreendedoras, hoje em todo o Brasil, muito me ajudou nessa caminhada.

Em 2023, terminou meu segundo mandato na presidência da ACSP. Quando Roberto Mateus

A luta pela livre-iniciativa

Roberto Mateus Ordine.

Ordine assumiu o posto, passou a cuidar do trabalho institucional da entidade. Permaneci como responsável pela área corporativa, incluindo as empresas. Também em 2023, quando venceu meu mandato na Federação das Associações Comerciais do Estado de São Paulo – onde fiz uma revolução, injetando mais de 65 milhões de reais para melhorar as pequenas associações comerciais do estado –, fui reconduzido por mais dois anos. Parecia já muito trabalho, mas ainda faltava fortalecer a nossa presença nacional. Quanto a isso, estamos apenas no começo.

CACB: uma agenda para a ação

4

No final de 2021, os presidentes das Federações vieram a São Paulo para pedir que eu assumisse a direção da CACB. A ACSP sempre esteve muito próxima da entidade. Atuamos juntos em favor do empreendedor brasileiro em muitos movimentos nacionais importantes. Como entidade no plano nacional, sediada em Brasília, a CACB é a instância mais adequada para tratar dos interesses do empreendedorismo. Nela, eu podia fazer mais. Acabei aceitando o convite.

Quando assumi o cargo em Brasília, em 2022, iniciei as mudanças. A sede estava mal localizada e com péssimas instalações. Encontrei outro local, no centro financeiro, onde já havia funcionado o Fundo Monetário Internacional (FMI). A ACSP comprou o imóvel e o alugou à CACB, por um valor igual ao

Alfredo Cotait Neto

CACB: base do empreendedorismo.

do endereço anterior, em lugar e condições muito melhores.

Com a ajuda da ACSP, assumi a CACB com o projeto de colocá-la no lugar que merece, como entidade representativa que é. Ela deve ser a grande porta-voz dos empreendedores nas suas demandas para melhorar o ambiente de negócios no Brasil. Para isso, começamos a montar uma nova estrutura, organizando um grupo de pessoas para estabelecer as relações com os parlamentares e participar do debate dos temas do empreendedorismo, que são também de interesse nacional.

Temos um compromisso, baseado na história que construímos na ACSP. Uma entidade como a CACB, que reúne as 2.300 Associações Comerciais do país, com 2 milhões de associados, tem peso. Precisa ser respeitada como legítima representante do empreendedor. Enquanto as grandes empresas têm seus próprios meios de ser ouvidas, são os micro e

A luta pela livre-iniciativa

pequenos empreendedores que mais precisam de voz. Eles serão contemplados. Para isso é que nós existimos.

Por isso temos de fortalecer a rede, inclusive financeiramente, para que se torne mais forte e atuante. Com essa finalidade, criamos uma empresa chamada Central de Rede, que vai prestar serviços para toda essa base formada pelos 2 milhões de empreendedores associados: crédito, consórcio, seguro, seguro-saúde, produtos financeiros. Investimos em uma plataforma digital para interligar as Associações Comerciais, de modo a oferecer esses produtos e serviços. Organizando a rede e criando essa receita, a CACB assegura sua autonomia, cria vantagens para seus membros e fortalece toda a rede.

A Central de Rede é uma promotora de produtos e serviços, que procura capacitar as equipes de vendas das 2.300 Associações Comerciais para vender os produtos aos seus associados. Algumas Associações já têm vendedores e faturam bastante, para a própria sobrevivência. Em outras, estamos formando equipes com essa finalidade. É um sistema virtuoso: a Associação Comercial beneficia e é beneficiada pela rede. Ela é que conhece as empresas de seu município. Quando vende o produto a um associado, a comissão é distribuída por toda a cadeia.

Hoje, o capital da Central de Rede é 95% da ACSP, que entra com todo o investimento, e 5% é da CACB. No futuro, pretendemos que todas as Federações e Associações participem do capital, como acionistas ou preferencialistas por mérito, desenvolvendo os seus serviços. Quem sabe, poderemos também abrir o capital. O investimento retornará à ACSP e a CACB terá sua sustentação própria. É o mesmo modelo que

Empreender faz parte do DNA do Brasil.

aplicamos na Boa Vista Serviços, de muito sucesso.

Tomando como base a experiência com a Boa Vista em São Paulo, podemos dizer que a rede da CACB é um ativo de valor extraordinário. Ao mesmo tempo, permite que a CACB seja protagonista na sua ação institucional. Os micro e pequenos empreendedores têm demandas importantes. Com suas ideias e com as pessoas que representa, a CACB é a entidade associativa mais forte do país. A liberdade para empreender é o único caminho para o Brasil. O empreendedorismo mostra a força que tem o brasileiro.

A maior lição que já tive ainda é a do meu pai, de nunca ser empregado. O emprego muitas vezes elimina a capacidade criativa que todo mundo tem. Com frequência, quem é assalariado está fazendo algo de que não gosta.

Aprendi que você tem de ser feliz. Não é o dinheiro que vai lhe fazer bem. É a realização.

***

Para mim, o trabalho na CACB é uma extensão do que fizemos na ACSP. Muita gente me pergunta por que me dedico tanto a uma entidade, a um trabalho pelo qual não ganho nada. A verdade é que ganho, sim. Só faço o que me faz feliz. Se você me convidar para pescar, vou dizer: obrigado, mas não vou. Não gosto. Quer comprar um carro da Tesla? Ofereça para outro. Sou simples. Não me interessa. Sou feliz com o que realizo. E realizo muita coisa.

Foi uma honra ter sido presidente da ACSP. Hoje ela é a entidade associativa mais forte do Brasil, uma verdadeira potência. Isso me realiza. É um legado.

Vivencio o trabalho na entidade: é um caso de amor. Eu me doei à ACSP com a convicção de que as Associações Comerciais são um ativo da sociedade. Seja lá com quem for que você converse, dentro de uma Associação Comercial, vai encontrar o mesmo entusiasmo. É uma ligação muito forte entre pessoas que têm o mesmo objetivo.

Minha identificação com a entidade, porém, transcende o cargo. É uma identificação também com a história da Associação, que é tão rica. O mesmo acontece agora, na presidência da Federação das Associações Comerciais de São Paulo e da CACB. Ambas têm uma trajetória ligada a um grupo de pessoas que pensam igual. Quero levar o espírito que de certa forma permeia a ACSP para dar à CACB uma identidade que a transforme numa entidade ainda mais respeitada.

Há ainda uma grande tarefa por fazer, que talvez não termine nunca. Para ter uma empresa grande no Brasil, hoje você tem de ser aliado de quem está no poder. É contra isso que eu luto. Precisamos ser livres e independentes para participar e promover as mudanças.

Sempre tivemos a visão clara de que é preciso romper com o excesso da presença do Estado na vida do cidadão. Nessa posição, enfrentamos uma grande reação do próprio Estado, da corporação estatal, e, por vezes, do Judiciário. O beneficiário do gigantismo do Estado é uma casta que está dentro do Estado. A população recebe Bolsa Família para dar voto, mas não se beneficia de nada. Continua numa pobreza inaceitável. O Estado só se perpetua com a pobreza. O que está em disputa é o modelo. Queremos reduzir o Estado, para que possa prestar sua verdadeira função, servindo a sociedade, e não se servindo dela.

Infelizmente, depender do Estado é um clássico no Brasil. Sou brasileiro, mas acho que nós não devemos mais aceitar esse tipo de coisa. É inadmissível alguém no governo decidir quando podemos ou não trabalhar. A tendência atual é a volta ao passado, com decisões retrógradas. Precisamos apenas deixar que cada empreendedor consiga viver e gerar renda, independentemente de todas essas amarras.

Estamos dessa forma há muito tempo. É preciso reduzir o Estado, para que seja mais eficiente. Com menos gastos, o Estado precisa de menos dinheiro do mercado, e a taxa de juros começa a cair. Só então se desconcentra a renda.

O mundo inteiro está com esse problema, mas em lugar nenhum existe a magnitude que se observa no Brasil. Na Europa, a estrutura do Estado de cada país é muito menor. Num país pobre como o nosso, ela é um absurdo. Para fechar a conta com impostos, o sacrifício da sociedade é muito grande. O país é rico, mas a população é pobre. Diminuir o Estado para um tamanho em que ele se torne outra vez operacional, porém, não vai ser equacionado por quem depende ou se beneficia dele.

Defendo um Estado menor, organizado e, por conseguinte, mais forte, cumprindo seu papel. A CACB é a plataforma correta para exprimir essas e outras demandas das Associações Comerciais, assim como o nosso inconformismo. Pretendemos que isso se torne uma força nacional, com a organização dessa rede, para que os empreendedores possam se levantar em defesa dos seus interesses, que são também interesses nacionais, porque são o caminho do desenvolvimento econômico, dentro do ambiente democrático.

Esse é o novo desafio, em que conta cada um. Precisamos de um novo modelo para o Estado brasileiro. Temos 5.570 municípios. A metade não tem mais de 5 mil habitantes. Vamos diminuir essa estrutura? As Associações Comerciais formam a maior rede que existe no Brasil, com presença em grande parte dos municípios. Podem trabalhar localmente pelas mudanças, bem como juntar forças para influenciar a política nacional.

Vamos ter voto distrital, para que a representação política funcione melhor, com uma base local, aproximando o eleitor de seu representado? Com certeza, os custos de campanha seriam bem menores, e a nossa democracia sairia fortalecida. São posições que levam a um Estado mais eficiente. Nos Estados Unidos e na Alemanha, o voto é distrital. Funciona bem melhor.

Minha visão de futuro é essa. Temos que ser ouvidos. E a rede é uma grande força. Custará trabalho. Este livro é um convite para que todos façam parte dessa história, para mais um capítulo da trajetória de auto-organização dos empreendedores no Brasil. Esse é o caminho.

Anexos

Artigos na imprensa

Mais restrições às empresas e aos cidadãos

Autoridades têm a obrigação de esclarecer medidas e dialogar com a sociedade

Publicado na Folha de S. Paulo em 11 de maio de 2020

A Prefeitura de São Paulo desistiu de impor barreiras nas principais vias da cidade para desestimular a circulação de veículos, mas estabeleceu, a partir desta segunda-feira (11), um rodízio ampliado, impossibilitando a circulação de 50% da frota de veículos até o fim do mês de maio.

A medida exclui carros de profissionais de serviços essenciais, mas, mesmo assim, promete causar grande confusão e aglomeração de pessoas no transporte coletivo, sem falar nas estações de metrô e trem e terminais de ônibus.

Embora não tenha explicado o "porquê" dessas medidas, parece claro que deseja forçar o aumento do isolamento em razão do crescimento do número de óbitos na capital e da incapacidade do sistema de saúde de atender a todas as vítimas da Covid-19.

Considero que as autoridades, para tomarem medidas intervencionistas como essas, têm a obrigação de esclarecer à população a razão de tais restrições, que certamente aumentarão as dificuldades, e também devem procurar dialogar, para que possam atingir os objetivos visados, com o menor custo possível para a sociedade.

Além disso, precisam mostrar o que estão fazendo para evitar a propagação do vírus, de um lado, e a ampliação do sistema da saúde, de outro. A única notícia que se tem da atuação recente da prefeitura é a declaração do prefeito Bruno Covas (PSDB) de que a municipalidade está pronta para atender àqueles que morrerem em consequência da pandemia —o que parece não ser a principal preocupação da população, que quer saber, isso sim, o que se está fazendo para reduzir o número de mortes.

Segundo os dados que vêm sendo divulgados sobre a ação do vírus na capital, o aumento de óbitos das últimas semanas tem ocorrido especialmente na periferia, em decorrência das dificuldades de se manter o isolamento e, sobretudo, das precárias condições de saneamento, que impedem a população de seguir as normas de higiene para evitar o contágio.

Essa situação já era previsível e há tempos alertamos para a necessidade de especial atenção e atuação do poder público nas regiões mais carentes.

Agora, nos sentimos na obrigação de alertar mais uma vez sobre os grandes riscos decorrentes da prorrogação das restrições, tendo em vista as dificuldades enfrentadas por empresas e cidadãos após um mês de isolamento.

E alertar também que, quanto mais longo for o período de restrições, maiores serão os custos econômicos e sociais em termos de fechamento de empresas e perda de renda, inclusive de profissionais liberais e dos informais, além dos efeitos negativos sobre a saúde física e mental da população.

Não se pode ignorar, também, os aspectos sociais do confinamento e seu impacto nas comunidades mais carentes, nas quais (é preciso reafirmar) são precárias as condições habitacionais, de saneamento e financeiras; e onde, no geral, o isolamento é ainda mais difícil, com a higienização dificultada pela falta de água e a sobrevivência afetada pela ausência de renda.

Nessas regiões é indispensável a presença do Estado e dos municípios, muito mais do que a preocupação com o isolamento em áreas mais favorecidas.

Entendo que cabe à administração municipal mostrar o que foi feito desde o início do ano nessas regiões para minimizar as dificuldades, o que está fazendo agora e o que pretende fazer para evitar que os moradores da periferia continuem a ser as grandes vítimas da pandemia.

Aumentar o isolamento das demais regiões não parece que irá contribuir para resolver esse problema. Restringir a circulação de

A luta pela livre-iniciativa

veículos também não se afigura como necessário nem eficiente para essa finalidade.

É preciso maior transparência e diálogo para que as imposições do setor público, cerceando a liberdade dos cidadãos, possam ser discutidas com a sociedade, e não apenas impostas. Perguntas como não apenas o "quando", mas também o "como" iremos superar essa pandemia, precisam ser respondidas. Até quando é possível aguentar o isolamento? Como conseguiremos a "imunidade" com o isolamento?

Não se pode simplesmente aceitar que o poder público vá tomando suas decisões, sem qualquer discussão, mesmo sob a alegação de que está se baseando na ciência, quando se sabe que a precariedade das informações impede que se possa ter conclusões e decisões definitivas. Também não se pode cair na armadilha do falso dilema entre saúde e economia, pois correremos o risco de acabar não salvando nem uma nem outra.

Como sempre, procuramos colaborar com as autoridades, mas somos cobrados pelos empresários, que estão com seu presente comprometido e sem perspectivas para o futuro. Precisamos de um quadro realista, em vez de somente dados e informações negativas, e de ameaças de novas medidas restritivas, que acabam precipitando reações defensivas para preservar as empresas, agravando o já dramático quadro de desemprego.

Precisamos, sobretudo, de um horizonte e da certeza de que os sacrifícios impostos à população, e as medidas tomadas pelas autoridades, podem garantir para breve a abertura da economia com a segurança da saúde.

Associação Comercial de São Paulo e os seus 126 anos em defesa do empreendedorismo

Além da defesa do empreendedorismo e da economia de mercado, a ACSP defende duas bandeiras relevantes para o crescimento da economia: o comércio exterior e as pequenas e médias empresas

Publicado no Diário do Comércio em 7 de dezembro de 2020

As Associações Comerciais são entidades locais nascidas da base empresarial para atender às necessidades dos empresários, congregá-los na defesa de seus interesses e prestarem serviços que facilitem a realização dos negócios. Com este propósito e baseadas nos princípios da livre iniciativa e da defesa do desenvolvimento local e nacional, a Associação Comercial de São Paulo (ACSP) foi fundada em dezembro de 1894, pelo Coronel Antonio Proost Rodovalho e um grupo de cerca de 300 empresários.

Nossa entidade e todas as outras espalhadas pelo país não contam com qualquer recurso de origem governamental ou compulsória, o que as dá total independência nos seus posicionamentos e ações. Outra característica das Associações Comerciais é que são multissetoriais, pois congregam em seus quadros, empresários de todos setores, além de profissionais liberais ligados às atividades econômicas, constituindo-se em um verdadeiro fórum empresarial.

A ACSP, por sua atuação institucional, foi considerada uma Escola de Civismo, já que teve participação em relevantes episódios da história da Cidade de São Paulo, do Estado e do Brasil.

A luta pela livre-iniciativa

Em 1918, foi mediadora do fim da grande greve operária, que resultou em importantes avanços na legislação trabalhista. No ano seguinte, marcado pela terrível "gripe espanhola", equipou o Hospital da Policlínica e colocou seus médicos à disposição da população.

Poucos anos depois, em 1924, São Paulo foi ocupada por militares rebeldes, que contestavam o governo central, além de ter sido abandonada pelo governador e assolada por saques no comércio e incêndios. A Associação, então, em conjunto com o prefeito Firmiano de Morais Pinto, organizou uma força-tarefa com a Polícia e o Corpo de Bombeiros para garantir a segurança do comércio e da população.

No decorrer da ocupação, mediou a retirada dos rebeldes para evitar o bombardeio da cidade, que acabou ocorrendo. O Presidente da entidade na época, José Carlos Macedo Soares, foi acusado de colaboracionista, sendo preso e exilado, embora tenha procurado apenas preservar a cidade e sua população. No exílio, escreveu o livro *Justiça*, no qual relata sua atuação histórica na cidade no fim da década de 1910 e começo da década de 1920. Estes acontecimentos também foram explicitados, com detalhes, no livro do jornalista Paulo Duarte intitulado *Agora Nós*. A publicação narra todos os episódios da chamada Revolução de 1924.

Em 1932, a ACSP teve também participação ativa no Movimento Constitucionalista, tanto na mobilização da classe empresarial e da população quanto durante o período do conflito. A entidade foi a responsável por desenvolver a logística das tropas paulistas.

A Associação Comercial de São Paulo coordenou ainda a Campanha do Ouro para São Paulo, criada para arrecadar recursos que sustentassem a campanha militar que mobilizou a população independentemente das classes sociais, com a doação de joias e objetos pessoais e familiares. Após o fim do conflito, em outubro daquele ano, notou-se que a maior parte dos recursos arrecadados não haviam sido utilizados. Por isso, foram doados à Santa Casa, que construiu um novo pavilhão e o edifício Ouro para o Bem de São Paulo, no Centro da cidade.

O presidente da ACSP daquele período, Carlos de Souza Nazareth, assumiu a responsabilidade pela participação dos empresários na Revolução. Consequentemente, também foi preso e exilado. Na partida para o exílio, escreveu carta a seus companheiros de diretoria dizendo-se "estar tranquilo" e pedindo que os conclamandos da Associação

Comercial continuassem a lutar em defesa dos ideais democráticos.

A Constituição pela qual São Paulo lutou em 32 foi aprovada no ano seguinte, mas teve curta duração, com Getúlio Vargas assumindo o poder absoluto, em 1937, instituindo o Estado Novo, outorgando suas leis e detendo o poder sobre os estados brasileiros.

Nos anos seguintes a entidade continuou participando ativamente da vida política, econômica e social do país, defendendo seus princípios e valores, sem descurar das questões municipais e estaduais e da prestação de serviços. De seus quadros diretivos saíram para a vida pública ao longo do período, deputados, senadores, ministros, governadores e personalidades que ocuparam importantes cargos na vida pública da cidade, do estado e do Brasil.

Além da defesa do empreendedorismo e da economia de mercado como instrumentos de desenvolvimento econômico e social, a ACSP defende duas bandeiras específicas que considera muito relevantes para o crescimento da economia: o comércio exterior e a pequena e média empresa. Nesse sentido, realizou em 1956 a Primeira Conferência Brasileira de Comércio Exterior, que se constituiu um marco para a discussão da política brasileira para o setor, com teses que ainda hoje são válidas. Uma destas é sobre a defesa da abertura da economia e a liberdade cambial. Participou de todas as conferências, realizadas em outros estados, organizando a nona e última em 1977, aberta pelo Presidente da República.

A ACSP promoveu o Primeiro Congresso Brasileiro das Pequenas e Médias Empresas, inserindo o tema nas preocupações permanentes da entidade. Na ocasião, reuniram-se mais de mil pessoas no Auditório do Anhembi e contou com a participação dos ministros da área econômica e de especialistas.

O Quarto Congresso foi promovido pela entidade no Auditório do Senado Federal, quando foi aprovado pelo Estatuto da Pequena e Média Empresa, origem das medidas de tratamento diferenciado para as empresas de menor porte.

Organizou também, respectivamente em 1989 e 1998, a 16ª e a 24ª edições do ISBC International Small Business Congress, eventos estes realizados na América Latina.

A ACSP tem participado ainda de todas as discussões sobre legislação de apoio aos empreendimentos de menor porte, tendo uma importante participação para a aprovação da criação do Microempreendedor Individual (MEI) e da Empresa Simples de Crédito (ESC).

Em relação à defesa de seus associados, a entidade já em 1928 se manifestou junto às autoridades contra os ambulantes (na época conhecidos como "andorinhas"), que faziam concorrência desleal ao comércio organizado causando sérios prejuízos aos empresários e à receita fiscal.

A ACSP sempre teve intensa colaboração com o Executivo e o Legislativo dos três poderes, contribuindo para o aprimoramento das leis e normas que regem as atividades econômicas, e continua na luta contra a burocracia e a tributação excessivas.

Para facilitar o desempenho das empresas, a Associação, desde o início de suas atividades, propiciou a seus associados informações do mercado e das empresas, visando dar mais segurança à realização dos negócios. O Relatório da Diretoria de 1924 já chamava a atenção para a necessidade de se prestar serviços às empresas, resumindo que era preciso atrair os empresários por seus interesses para poder defender seus ideais. Nesse sentido, já naquele ano criou um boletim informativo sobre a inadimplência, que se desdobrou depois no Departamento de Informações Comerciais e no Diário do Comércio, que publicava os apontamentos e os protestos da Praça de São Paulo.

As vendas a prazo do varejo eram também muito limitadas pela ausência de um sistema de informações que dessem segurança às transações. Por isso, organizou-se, em 1956, o Serviço Central de Proteção ao Crédito (SCPC), iniciativa pioneira no país. O SCPC permitiu a massificação do crediário e, com isso, a notável expansão das vendas a prazo. O banco de dados fornecia informações dos consumidores inadimplentes e era um importante fator de constrangimento à inadimplência.

A forte expansão das vendas a prazo obrigou à informatização do banco de dados, o que possibilitou, também, maior sofisticação das informações oferecidas às empresas e aumentando a segurança.

Com o ingresso do sistema financeiro nas vendas a crédito foi necessário interligar os bancos de dados das pessoas físicas, o que levou, por iniciativa e coordenação da ACSP, à criação da RENIC, rede que contava com cerca de 2000 SPCs de todo Brasil.

Com a expectativa da aprovação do Cadastro Positivo e o ingresso de empresas internacionais no mercado de informações, constatou-se a necessidade de dar maior autonomia operacional e realizar investimentos expressivos no banco de dados.

Após o estudo de diversas alternativas por parte de um grupo de diretores e conselheiros, coordenado por Alfredo Cotait e sob a presidência de Alencar Burti, propôs a transformação do SCPC em empresa, dando origem à Boa Vista Serviços, agora transformada em empresa de capital aberto. A ACSP continua sendo sua maior acionista.

A abertura do capital da Boa Vista Serviços deve ser um caso único de criação de prestação de serviços feita por uma entidade a seus associados que se transformou em um Unicórnio (definição de startups avaliadas em mais de US$ 1 bilhão) e deve servir de exemplo de que a modernidade e a tradição não são conflitantes. Ao contrário, a unidade em torno de princípios e valores, garantidos pela tradição, serve de balizamento para a modernização, sem prejuízos dos objetivos.

A história dos 126 anos da ACSP revela que ela sempre foi contemporânea em seu tempo, mas com os olhos voltados para o futuro. A reorganização administrativa, a modernização das instalações e a consolidação das finanças permitiram que a entidade se preparasse para as transformações que estão ocorrendo em função da rápida evolução da tecnologia de informática e comunicação, criando um cenário de desafios e oportunidades para a atividade empresarial.

Continuando com sua atuação institucional, que é o cerne de sua função, a Associação Comercial de São Paulo está oferecendo a seus associados, e aos empresários em geral – especialmente aos de menor porte –, novos serviços que lhes permitam enfrentar com sucesso esse desafio.

Começamos pela Faculdade de Comércio (FAC-SP) que visa oferecer, aos empresários e seus funcionários, a base para competir nesse novo mercado ainda em transformação. Complementarmente, oferecemos plataformas para que as empresas menores possam concorrer com as grandes, além de crédito acessível a juros abaixo do mercado para suas necessidades, por meio do ACCredito.

Os valores e os princípios que nortearam a criação da ACSP, em 1894, e que foram mantidos por seus sucessores por mais de um século, continuarão sendo a base para a continuidade da trajetória da entidade pelos próximos anos.

Posição Facesp/ACSP: A economia também trata a vida

A morte de uma empresa não é apenas um número nas estatísticas; são vidas que são afetadas

Publicado no Diário do Comércio em 13 de janeiro de 2021

Em 11 de maio do ano passado, ainda nos primeiros meses da pandemia do novo coronavírus, a Federação das Associações Comerciais do Estado de São Paulo (Facesp) alertava o governo sobre a necessidade de despender maior atenção às empresas durante a crise, porque cuidar de quem faz a economia girar significa cuidar da vida das pessoas.

Os meses se passaram e o que se viu foi exatamente o contrário, especialmente por parte do governo estadual. Embora as empresas paulistas tenham entendido o momento e acatado as restrições impostas pelo estado de São Paulo às suas atividades, as contrapartidas pedidas por elas nunca foram atendidas.

Sem poder abrir as portas, os empresários pediam isenções e postergações para o pagamento de tributos, apelos que não foram ouvidos no nível estadual. Pelo contrário. Em meio à crise, o estado de São Paulo anunciou o fim de benefícios do ICMS, o que vai afetar uma série de setores.

Entramos em 2021 acompanhados pela segunda onda da pandemia, do endurecimento das restrições às atividades empresarias, do aumento de impostos, queda nas vendas e fim do auxílio emergencial, o que irá comprometer ainda mais o fôlego das empresas.

Possivelmente muitas fecharão, contribuindo com o aumento do desemprego, que já afeta 14,2% da população economicamente ativa. Quando se descuida da economia, a vida das pessoas acaba afetada.

Leia abaixo a posição da Facesp publicada em 11 de maio:

A Federação das Associações Comerciais do Estado de São Paulo (FACESP), que congrega 420 entidades espalhadas por todas as regiões do Estado, divididas em 20 regionais, e a Associação Comercial de São Paulo (ACSP), com suas 15 sedes distritais que cobrem todas as áreas da Capital, contando conjuntamente com 8 mil dirigentes voluntários e cerca de 300 mil associados, reuniram no último dia 8 seus vice-presidentes regionais para analisar as recentes medidas adotadas em decorrência da covid-19 no Estado e seus Municípios, que tiveram estendido o prazo de confinamento pelo governador e o rodízio de veículos ampliado por determinação do prefeito.

Com relação ao rodízio na Capital, consideraram que a medida é altamente prejudicial para a população em geral e poderá, inclusive, comprometer o deslocamento de urgência, o abastecimento da cidade, a mobilidade de funcionários das atividades essenciais em funcionamento, dificultar o sistema de entregas das vendas online e, o mais grave, acarretar problemas para a área da saúde, com o maior uso do transporte coletivo.

Apresentaram a situação de suas regiões, mostrando a diversidade de cada uma, o que levou a questionamentos sobre a manutenção de restrições uniformes para realidades distintas. Esperavam a adoção de um confinamento seletivo em algumas regiões do Estado.

Apenas um ponto em comum foi apontado em todas: a dificuldade enfrentada pelas empresas menores, muitas das quais já fecharam, outras que não vão conseguir sobreviver a mais um adiamento do fim do isolamento, o que afetará muitos empregos.

Manifestaram sua surpresa e inconformismo pelo fato de que vinham colaborando com o governo na busca de um programa articulado de saída do isolamento. Alertaram para o risco de que esse novo anúncio vá desencadear uma onda maior de demissões, uma vez que os empresários não têm mais qualquer perspectiva com relação aos próximos dias e meses. Como suas reservas e alternativas estão se esgotando, não terão mais razões para manter seus funcionários, na espera de um futuro incerto.

As entidades não pretendem discutir as intenções dos governantes,

A luta pela livre-iniciativa

que acreditam ser as melhores possíveis, pois visam preservar vidas, com o que concordam.

Permitem-se manifestar, contudo, a posição de que não se pode considerar a economia como contrária à saúde. Entendem que a economia também trata a vida, lembrando que diversos estudos internacionais e, também brasileiros, mostram que a queda do PIB e da renda, agravando a pobreza, leva ao crescimento do número de mortes. Nesse sentido, lembram que a empresa também é vida, com dirigentes e funcionários e suas famílias, que dela dependem, além de fornecedores e consumidores.

A morte de uma empresa não é apenas um número nas estatísticas, são vidas que são afetadas.

Como líderes de suas comunidades empresariais, os presidentes e diretores de associações comerciais sempre defenderam a legalidade e apoiaram as restrições. Se, no primeiro momento, os empresários buscavam nas entidades informações e orientações sobre as medidas governamentais e como se adaptar às restrições, a cada novo adiamento do fim do isolamento, passaram a buscar principalmente um horizonte e uma mensagem de esperança.

Como é nossa obrigação, temos informado às autoridades que as dificuldades para as empresas vêm aumentando a tal ponto que, atualmente, para muitos empresários o problema não é mais procurar preservar os empregos, porque não mais conseguem.

Para muitos, a morte da empresa representa também a perda da renda com a qual mantém a família. Com a morte de muitas empresas, mata-se, também, "o espírito empreendedor" e as perspectivas de crescimento.

As associações comerciais reconhecem a gravidade da pandemia e a necessidade de restrições, mas, sem questionar as razões das autoridades, consideram que, com as informações atualmente disponíveis, seja possível adotar medidas específicas para cada realidade, para evitar impor sacrifícios onde não sejam necessárias ou eficientes.

Para exemplificar, na cidade de São Paulo, segundo dados oficiais, o aumento forte e rápido do número de mortes pelo vírus vem ocorrendo nas regiões da cidade onde existem aglomerações populacionais em precárias condições de habitação, saneamento, renda, e que não permitem que o isolamento, ou a adoção das regras de higiene recomendadas, sejam seguidas.

Recentemente, o diretor da Organização Mundial da Saúde (OMS) alertou que o isolamento "é apenas parte da equação", pois em regiões mais carentes são necessárias medidas específicas para atender aos mais vulneráveis.

Nesse sentido, cabe lembrar alerta que FACESP e ACSP fizeram em abril, chamando a atenção para a necessidade de medidas específicas para as regiões mais carentes. Dissemos na oportunidade:

"Sentem-se agora na obrigação de alertar mais uma vez sobre os grandes riscos decorrentes da prorrogação das restrições, tendo em vista as dificuldades enfrentadas por empresas e cidadãos após um mês de isolamento, e informar que, quanto mais longo for o período de restrições, maiores serão os custos econômicos e sociais em termos de fechamento de empresas, perda de renda, inclusive de profissionais liberais e dos informais, além dos efeitos negativos sobre a saúde física e mental da população... Não se pode ignorar, também, os aspectos sociais do confinamento, e seu impacto nas comunidades mais carentes, nas quais são precárias as condições habitacionais, de saneamento e financeiras, onde, no geral, o isolamento é difícil, a higienização dificultada pela falta de água e a sobrevivência afetada pela falta de renda. Nessas regiões é indispensável a presença do Estado e dos Municípios, muito mais do que a preocupação com o isolamento em áreas mais favorecidas".

Agora, os dados divulgados sobre o desempenho da economia até abril, mostrando que o país está caminhando para uma recessão profunda, que poderá se converter em depressão, apenas confirmam os alertas que as entidades fizeram várias vezes, chamando a atenção para o risco da desorganização do sistema econômico e do agravamento dramático da situação social.

Observam que inúmeras atividades estão em funcionamento, por serem consideradas essenciais, sem representarem focos de contágio, porque adotam as cautelas necessárias para evitar a transmissão do vírus entre as pessoas. Esse fato mostra que é possível, na maioria das regiões, a abertura de outras atividades, desde que seja feita de modo organizado e seguindo protocolos rígidos orientados pela saúde, não apenas para salvar essas empresas da morte, mas também por uma questão de equidade, pois o tratamento diferenciado provoca uma situação de injustiça.

Consideram também que o impacto da pandemia sobre a população

A luta pela livre-iniciativa

tem mostrado que a responsabilidade individual tem convertido cada cidadão em fiscal das medidas preventivas que devem ser adotadas.

A FACESP e a ACSP reafirmam a posição de defender o respeito a legalidade, embora tenham se surpreendido pelo anúncio do novo adiamento. Esperam que o governo do Estado apresente, o mais rápido possível, um plano para a retomada das atividades a partir de 1º de junho de 2020, para que as empresas que conseguirem superar as adversidades, possam planejar o seu futuro.

Cobram, no entanto, que o Estado, ao impor essas novas restrições deve oferecer alguma compensação para reduzir o impacto negativo sobre as empresas e o emprego. A postergação do pagamento dos tributos, com carência e parcelamento posterior, com prazos compatíveis com as perdas sofridas pelas empresas, é necessária para impedir que elas se tornem inadimplentes e sem acesso a financiamentos.

Além de oferecer mais créditos para as empresas, o Estado poderia atuar como avalista junto ao sistema financeiro privado, o que ajudaria a superar uma das maiores dificuldades que o empresário enfrenta na busca por financiamento, que é a falta de garantias. Ao apoiar a sobrevivência das empresas nessa crise, o Estado estará criando condições para que sua receita possa crescer no futuro.

Finalmente, a FACESP e a ACSP querem prestar homenagens àqueles que vêm trabalhando durante a pandemia, e especialmente aos da área da saúde, cuja dedicação tem sido importante para evitar uma tragédia maior.

Cobram, no entanto, que os demais segmentos do setor público também participem da divisão dos ônus da pandemia, não apenas por uma questão de equidade e justiça, mas, também, de solidariedade.

Posição Facesp/ACSP: comércio não pode continuar pagando pelos outros

Agrava essa situação o fato de o Governo do Estado, ao impor restrições, não oferece qualquer contrapartida que possa contribuir para amenizar as dificuldades de empresários e trabalhadores

Publicado no Diário do Comércio em 22 de janeiro de 2021

A Federação das Associações Comerciais do Estado de São Paulo (Facesp) e a Associação Comercial de São Paulo (ACSP) manifestam sua posição contrária à adoção de novas medidas restritivas à atividade comercial, determinadas pelo Governo do Estado, por não levar em consideração a dramática situação enfrentada pelo setor e, principalmente, pelo fato de que as empresas têm adotado todas as medidas sanitárias necessárias para assegurar, tanto a seus colaboradores quanto para os consumidores, a segurança em seus estabelecimentos.

As entidades consideram que a recente evolução da pandemia é motivo de preocupação, mas que novas medidas para reduzir seu impacto devem levar em conta que o comércio não pode ser responsabilizado por essa situação.

O fechamento do comércio durante os dias pós-Natal e pós-Ano Novo mostraram que a medida em nada contribuiu para o objetivo visado, mas teve um impacto negativo muito significativo para as empresas atingidas, que já vinham fragilizadas pelo longo período de isolamento anterior. Impor novas restrições poderá implicar no fechamento definitivo de muitas empresas, com o consequente desemprego.

No caso da capital, essas medidas se tornam ainda mais negativas porque as entidades do comércio e as empresas fizeram fortes investimentos para promover a Sampa Week, organizada pela ACSP, e que vai do dia 23 a 31 deste mês, evento destinado a movimentar o setor, permitindo recuperar parte do que foi perdido com o fechamento do varejo no fim do ano.

As empresas prepararam suas promoções, fizeram estoques, gastaram em publicidade e, de forma inesperada, foram atingidas por restrições que vão dificultar muito as vendas esperadas pelos empresários.

A adoção de medidas, sem qualquer debate, aumenta a incerteza dos empresários e da população e tem efeito altamente negativo sobre as expectativas e as decisões econômicas.

Para as entidades, punir os que cumprem com todas as exigências sanitárias impostas pelo governo e recomendadas pelos organismos internacionais, por causa de outros que não respeitam as normas para minimizar riscos de contágio da covid-19, é injusto e desperta sentimento de frustração em todos porque parece que muitos empresários e trabalhadores fizeram sacrifício inútil.

É preciso levar ainda em consideração que, durante todo período de isolamento, parte importante do comércio funcionou sem se constituir em fator de preocupação para as autoridades pelas cautelas que sempre adotaram, e que a posterior abertura dos demais estabelecimentos não mudou essa situação.

Discriminar alguns segmentos do comércio, enquanto outros setores podem funcionar normalmente, cria condições injustas de concorrência e afeta a sobrevivência de parcela importante das empresas do varejo.

Restringir as atividades econômicas com base nas fases do Plano São Paulo, que considera fatores estatísticos que não se fundamentam na relação de causa e efeito do crescimento da pandemia, não assegura que os resultados esperados serão atingidos.

As entidades têm a convicção de que a falta de diálogo, para a adoção de restrições tão drásticas, retira das entidades as condições para poder dar suporte às medidas do Governo. Agrava essa situação o fato de que o Governo do Estado, ao impor restrições que inviabilizam a vida das empresas e colocam em risco os empregos, não oferece qualquer apoio que possa contribuir para amenizar as dificuldades de empresários e trabalhadores. Pelo contrário, o poder público estadual aumentou o ICMS para um grande número de produtos, fato que torna mais difícil a recuperação futura da atividade econômica e ainda afeta a economia de forma generalizada.

A Facesp e a ACSP esperam que o governo reveja sua decisão tendo em vista a possibilidade de colapso da economia e de agravamento da situação da população mais pobre, com o risco de consequências sociais muito sérias.

A razão de todos

Altamente inflacionário, aumento do ICMS prejudica retomada econômica

Publicado na Folha de S. Paulo em 16 de fevereiro de 2021

"Todos têm razão. Mas não dá para todos terem razão ao mesmo tempo." Em meio à pior pandemia do século, nunca foi tão válida a frase de Eugênio Gudin, um dos mais importantes economistas brasileiros.

O estado de São Paulo, que gerencia o combate à pandemia de Covid-19, tem razão em afirmar que teve suas finanças por ela atingidas —tanto do lado dos gastos como das receitas. Como reação, optou por elevar o ICMS de vários produtos, enquanto restringia o funcionamento das atividades econômicas.

Já as empresas e a população, que tiveram suas economias devastadas, têm razão em clamar por um alívio fiscal e uma liberdade maior para funcionar, apesar de atentas para as medidas de segurança contra a Covid-19. No momento, o início da vacinação renovou as esperanças de que este ano possa consolidar o controle da pandemia, criando condições para a gradativa retomada das atividades em geral e da economia em especial.

Mas precisamos promover o máximo esforço para que as várias "razões" convirjam em torno de um objetivo comum. Desde o início da epidemia, a Associação Comercial de São Paulo (ACSP) e a Federação das Associações Comerciais do Estado de São Paulo (Facesp) colaboraram com o governo paulista, orientando as empresas no sentido de cumprir as restrições impostas pelas autoridades —mas sempre alertando para o impacto negativo sobre as atividades econômicas, o emprego e a renda.

Assim, as entidades solicitaram aos governos municipal, estadual e federal a prorrogação de impostos, com posterior parcelamento, para as atividades atingidas pelas medidas de restrição ao funcionamento, além de outras providências de apoio às empresas, aos trabalhadores e à população mais carente.

O não atendimento das medidas fiscais solicitadas resultou em forte endividamento e na inadimplência de milhares de empresas, sem contar as que fecharam definitivamente as portas, agravando o desemprego.

As medidas do governo federal, como o auxílio emergencial, na área trabalhista e as linhas de crédito, foram essenciais —e, em parte, amenizaram a situação das empresas e da população, mas se esgotaram com o fim dos benefícios.

Quando parecia que a situação estava sob controle, e que a economia iria recuperar-se, o estado de São Paulo, que não havia atendido aos pedidos de postergação dos impostos, ainda elevou o ICMS para um grande número de produtos —medida que não foi suspensa quando se constatou o aumento da pandemia e a adoção de novas restrições ao funcionamento das empresas.

Sempre vale lembrar que o aumento do ICMS é altamente inflacionário, pois eleva os custos das cadeias produtivas, pesando no preço final e prejudicando uma sociedade já abatida pelo impacto econômico.

Não se pode aceitar esse aumento de imposto, pois ainda temos um difícil período de travessia até que os benefícios da vacinação sejam efetivos. Para superar esse período, é essencial o apoio conjugado das três esferas do poder público.

O Congresso tem a possibilidade de selecionar as prioridades e fazer avançar as medidas necessárias para colocar o país no caminho do crescimento econômico sustentável e do desenvolvimento social indispensável.

Sem dúvida, a aprovação do Orçamento e da PEC Emergencial devem ser as primeiras a serem votadas, pois, sem isso, será difícil discutir outros assuntos igualmente importantes —autonomia do Banco Central, reforma administrativa, do pacto federativo, tributária, Lei do Gás e aprimoramento do marco legal para as concessões, entre outras.

Nesse sentido, espera-se do governo federal, novamente, algum

A luta pela livre-iniciativa

tipo de apoio à população mais carente —através de remanejamento de verbas, sem comprometer o teto do Orçamento— e a desoneração dos encargos sobre a folha de pagamentos para estimular o setor privado a expandir a oferta de novos empregos.

Temos sempre de lembrar que o Estado, ainda que tenha boas razões, dispõe de mais condições para suportar as perdas do que empresas e cidadãos. Em São Paulo, a ACSP e a Facesp esperam que o aumento do ICMS seja revisto.

Posição Facesp/ACSP: Medidas são inevitáveis, mas exigem apoio

Empresários pedem a revogação do aumento do ICMS, além da suspensão dos impostos estaduais e municipais, durante o período de maiores restrições à atividade econômica

Publicado no Diário do Comércio em 4 de março de 2021

A Federação das Associações Comerciais do Estado de São Paulo (FACESP) considera grave a situação da pandemia, o que justifica as restrições mais duras adotadas pelo Governo de São Paulo. Estas medidas tornam-se inevitáveis para controlar o impacto da transmissibilidade do vírus no curto prazo e evitarão o colapso total do sistema de saúde, além de frear a taxa de mortalidade.

No entanto, as restrições adotadas com o isolamento extremamente prolongado no passado, e sem medidas complementares que pudessem impedir a situação atual, debilitaram fortemente a capacidade de sobrevivência das empresas, a manutenção dos empregos e a geração de renda da maior parte da população.

Por isso, ressaltamos que as restrições precisam ser monitoradas conforme a situação de cada localidade, com medidas mais duras onde justificadas, mas com critérios para evitar sacrifícios além dos necessários para as empresas, os trabalhadores e a população.

Alertamos que sem apoio do Poder Público não será possível a implementação de novas restrições sem garantir a sobrevivência das empresas e dos empregos, e, principalmente, das populações mais carentes, que não dispõem de alternativas para superar mais dificuldades.

A luta pela livre-iniciativa

Nesse sentido, apelamos ao Governo Federal e ao Congresso para que aprovem com urgência medidas para a preservação dos empregos. Ressaltamos, no entanto, que o Estado e os municípios também precisam contribuir para amenizar os custos econômicos e sociais das restrições.

No caso do Estado, pedimos a imediata revogação do aumento do ICMS, além da suspensão dos impostos estaduais e municipais durante os próximos meses, com posterior parcelamento e carência.

Por fim, a Facesp manifesta a certeza de que este período crítico será superado com a colaboração de todos e com a aceleração da vacinação.

Correção não é aumento

Simples não é renúncia fiscal, e última atualização na tabela ocorreu em 2016

Publicado na Folha de S.Paulo em 7 de abril de 2022

Um efeito devastador da inflação prolongada é que ela corrói valores, cria ilusão monetária e provoca distorções na economia. No geral, o grande beneficiário desse efeito é o fisco que, ao deixar de atualizar tabelas e enquadramentos fiscais, acaba tributando lucros inflacionários e fictícios, especialmente de pequenas empresas e de pessoas físicas, principalmente os que mais sofreram durante a pandemia. Isso explica, em grande parte, o forte crescimento da arrecadação tributária recente, mesmo com a economia quase estagnada.

Ao longo dos anos, ao observar o fenômeno, a *Folha* reconhecia essa injustiça, em especial ao tratar da falta de correção na tabela do Imposto de Renda. Em síntese, em todos os seus editoriais, o jornal vinha expressando a correta opinião de que defasagens na tabela de impostos em relação aos índices inflacionários elevavam "de forma tortuosa a carga do IR" de trabalhadores e contribuintes.

Pois qual foi a nossa surpresa quando a própria *Folha* contrariou sua linha histórica no editorial "Simples e errado" (3/4). O texto fez um ataque à ampla campanha pela atualização da tabela do Simples Nacional, lançada por nós em Brasília durante cerimônia de posse da nova diretoria da Confederação das Associações Comerciais e Empresariais do Brasil (CACB), entidade que reúne todos os setores, com predominância para as micro e pequenas empresas, a base da economia brasileira. A campanha

A luta pela livre-iniciativa

também defende a alteração do enquadramento do microempreendedor individual (MEI), R$ 81 mil para R$ 130 mil por ano.

O editorial da *Folha* comete um equívoco e omite que o pleito da CACB decorre única e exclusivamente dos efeitos nefastos da inflação. É apenas uma correção. Não queremos benesses nem privilégios injustificáveis.

Quando se propõe a correção dos valores de enquadramento do Simples e dos MEIs, pretendemos apenas restabelecer as condições existentes quando da criação desses limites. O mesmo raciocínio, volto a dizer, se aplica aos pleitos para a correção da tabela do Imposto de Renda Pessoa Física.

Também vale lembrar que o Simples não é uma renúncia fiscal, pois sua alíquota média efetiva é maior do que a do lucro real e ligeiramente abaixo da do lucro presumido, conforme demonstra o economista José Roberto Afonso ("Conjuntura Econômica", dezembro de 2021). Isto porque ela incide sobre a receita total, sem qualquer desconto.

Para se ter uma ideia, a última atualização na tabela do Simples ocorreu em 2016. Pretendemos corrigir essa distorção para que as empresas mais vulneráveis possam continuar a cumprir seu relevante papel na economia, gerando renda e oportunidades de trabalho. Caso contrário, estejam certos, migrarão para a informalidade. Por isso, o que se defende não é um "privilégio injustificado", pois, como diz o título deste artigo, correção não é aumento. Mas não apenas isso. Na minha visão, confirmada pela minha história, liderança é um serviço, não um meio de obter privilégios.

Prêmio Rodovalho e o aniversário da ACSP

O empreendedor francês Alexandre Allard recebeu a premiação este ano pela criação do complexo Cidade Matarazzo

Publicado no Diário do Comércio em 9 de dezembro de 2022

A Associação Comercial de São Paulo (ACSP) comemora 128 anos de sua fundação mantendo, ao longo desse período, os princípios e ideais de seus fundadores e daqueles que a dirigiram por esses anos.

Fundada por 300 empresários, liderados por Antônio Proost Rodovalho, que foi seu primeiro presidente, a entidade tinha por objetivo congregar os empresários e defender o fortalecimento do empreendedorismo.

Sua filosofia se baseava na livre-iniciativa como instrumento para o desenvolvimento econômico e social do país, e na defesa da democracia como garantia da liberdade individual e da igualdade de oportunidades.

Seus valores: tradição com modernidade, ética como princípio, responsabilidade, solidariedade, crença na capacidade do povo brasileiro e confiança no futuro.

Em conjunto, a Companhia Melhoramentos e a ACSP decidiram, em 1992, criar um prêmio de estímulo ao empreendedorismo que homenageasse figuras de destaque no campo empresarial, que contribuam para o desenvolvimento econômico, político, cultural e social. Decidiram dar ao prêmio o nome de Antônio Proost Rodovalho, fundador das duas organizações, e exemplo de empreendedor preocupado não apenas em produzir, gerar riqueza e emprego, mas também com visão política e atuação social.

A luta pela livre-iniciativa

Antônio Proost Rodovalho fundou ou participou de inúmeras empresas e instituições, transformou Caieiras em um polo industrial, foi ousado e inovador no campo empresarial, sem deixar de participar de atividades sociais como provedor da Santa Casa de Misericórdia e outras entidades, e se destacou também na atividade política, como líder frequentemente consultado por autoridades e personalidades.

Neste ano, a escolha da ACSP e da Melhoramentos para receber o Prêmio Antônio Proost Rodovalho recaiu sobre um grande empreendedor cultural, Alexandre Allard, que realizou diversos projetos de sucesso em sua terra natal, a França, restaurando edifícios antigos, modernizando-os, mas preservando a tradição.

Com sua visão sonhadora, mas realizadora, Alexandre Allard vem se dedicando no Brasil nos últimos anos a um grande empreendimento, a Cidade Matarazzo, onde funcionava antes o complexo hospitalar Umberto Primo, conhecido como Hospital Matarazzo.

Trata-se de um empreendimento que une o histórico com o contemporâneo. Passado, presente e futuro reunindo cultura, gastronomia, hospitalidade, moda e religião, em um único espaço, que preserva a natureza e oferece a oportunidade de negócios e lazer.

Talvez a definição que melhor defina esse complexo arquitetônico seja a de que a Cidade Matarazzo é um lugar gerador de emoções, onde tudo é belo e tudo possível.

Ao conceder o Prêmio Antônio Proost Rodovalho a Alexandre Allard, a ACSP e a Companhia Melhoramentos valorizam não apenas sua visão de empreendedor e sua contribuição a São Paulo com a construção da Cidade Matarazzo, mas também sua demonstração de confiança no Brasil em um momento de incertezas, que certamente serão superadas pelo dinamismo, determinação e coragem dos empresários, como demonstra o exemplo do homenageado.

Parcelamento sem juros

Cada compra realizada vai além do significado econômico de lucro e faturamento. Ela representa empregos, diretos e indiretos, que são o motor da nossa economia

Publicado no Diário do Comércio em 21 de dezembro de 2023

O tema não é novo, mas a preocupação continua presente: grandes bancos voltam a defender a cobrança de juros nas compras parceladas no cartão de crédito. Ao refletir sobre o ano que passou, é notável o apoio significativo recebido da sociedade civil e de parlamentares do Congresso Nacional contra essa mudança, que vai além de uma simples questão cultural e comportamental.

Em uma era marcada pelo PIX e por avanços tecnológicos nas relações comerciais, surge a indagação: será que teremos que voltar a dividir as compras em cheque? Embora essa possa ser uma solução, não deixa de ser um retrocesso. A possibilidade de comprar e parcelar sem pagar juros é uma prática antiga na economia brasileira, representando uma fatia considerável das vendas dos comerciantes. Mais do que números, isso é uma maneira de trocar um móvel desgastado, melhorar os eletrodomésticos em casa, presentear um filho que concluiu os estudos ou realizar o sonho de uma viagem em família para comemorar uma data especial.

Cada compra realizada vai além do significado econômico de lucro e faturamento. Ela representa empregos, diretos e indiretos, que são o motor da nossa economia. Por isso, a Confederação das Associações Comerciais e Empresariais do Brasil (CACB) defende veementemente a

A luta pela livre-iniciativa

continuidade do parcelamento do cartão de crédito sem a incidência de juros. Essa prática é uma ferramenta vital de sustentação, especialmente para os pequenos comerciantes.

Por outro lado, é fundamental questionar a quem interessa a cobrança de juros nas compras parceladas. Não há dúvidas de que os grandes bancos são os principais beneficiados. No entanto, é importante destacar que se essa mudança ocorrer no Brasil, teremos uma redução drástica das vendas e do movimento do comércio, resultando em perda de empregos, diminuição do pagamento de impostos e fechamento de lojas. Em resumo, um ciclo desastroso para a economia.

Sabemos que o Congresso está ao nosso lado. Em conversas com deputados e senadores, percebemos a sensibilização e a concordância de que é preciso simplificar e reduzir os custos para os estabelecimentos, beneficiando, consequentemente, o consumidor final. Nessa batalha, contamos também com o apoio dos lojistas, que entendem a extensão dos prejuízos para o país. A CACB busca alinhar o Brasil ao mercado internacional, onde as taxas de juros aplicadas são consideravelmente mais baixas.

Os valores já pagos nas vendas via cartão de crédito são elevados. Aumentar ainda mais os juros pode ser a saída mais fácil para o mercado financeiro, mas certamente não é a mais correta quando se fala da importância social do parcelamento, especialmente para a população de baixa ou média renda, que são as maiores beneficiadas com o parcelamento sem juros nas compras. Desse modo, a CACB entende que o parcelamento sem juros é um direito de todos os brasileiros. Nós apoiamos a campanha Parcelo Sim! e continuaremos nessa luta. #SouCACB.

Sentimentos ambíguos

A queda do desemprego veio como um alento ao final de 2023, mas junto com essa notícia positiva, fomos surpreendidos pela MP que reonera a folha de pagamentos

Publicado no Diário do Comércio em 2 de janeiro de 2024

O fim de 2023 nos traz sentimentos ambíguos. É um alento ver números de desemprego seguindo tendência de queda. Atingimos a menor média no trimestre móvel, terminado em novembro, desde 2015. Essa é a notícia que todo o setor precisa: de que aumenta o número de brasileiros empregados, trabalhando, pagando impostos, gerando renda e consumindo.

De outro lado, para nossa frustração, somos surpreendidos com a publicação de uma medida provisória que, na prática, cancela uma decisão tomada pelos parlamentares: está no Diário Oficial a MP que reonera a folha de pagamentos de inúmeros setores da economia brasileira.

A Confederação das Associações Comerciais e Empresariais do Brasil (CACB) entende que faltou diálogo e interlocução com o Congresso que, recentemente, sinalizou de forma expressiva que é a favor da manutenção da desoneração da folha. Os parlamentares reconhecem que a medida mantém em ritmo ativo a roda da economia. Essa publicação no DOU demonstra que houve, da parte do governo, uma atitude que traz absoluta insegurança jurídica, tudo que os investidores não precisam. Em momento de renovar esperanças, de planejar o futuro, de reflexões para novas metas, é como um banho de água fria no setor produtivo brasileiro.

E mais: o pacote de fim de ano, que inclui ainda outros dois pontos, não assegura o cumprimento da meta fiscal. Ou seja, pode se tornar uma medida sem o efeito prático desejado. Correndo o risco de ter o tema judicializado, como já se prevê. E tudo isso sem nada se propor em relação à Reforma Administrativa.

Da parte da CACB, nossa defesa é de que o tema volte a ser debatido com calma e profundidade. Há um ótimo momento em breve, que será a segunda fase da discussão da reforma tributária. Espaço para argumentações, de ambos os lados. Espaço para o diálogo, para o convencimento, para que todas as partes coloquem seus pontos e, ao fim, cheguem a um consenso. Afinal, mesmo com os índices caindo, ainda temos 8,2 milhões de brasileiros sem emprego. A volta da reoneração da folha de pagamento pode aumentar esse número.

Crescimento econômico passa pelos microempreendedores

Em um contexto de desafios econômicos, sociais e desigualdade, é consenso que é emprego que o brasileiro precisa

Publicado em O Estado de S.Paulo em 17 de janeiro de 2024

"A roda da economia." "Fazer a economia girar." Quem nunca ouviu essas expressões? Mas, na prática, quando se fala nisso, sobre quem estamos tratando? Grandes empresas, multinacionais, conglomerados já estabelecidos? Pode ser que sim, eles têm grande parcela. Mas a criação de novas oportunidades reais, para que o desemprego no Brasil diminua, passa pelos microempreendedores. E, atualmente, há dois temas que precisam de toda a atenção do governo: as alterações para os Microempreendedores Individuais (MEIs) e as mudanças no regime de trabalho em domingos e feriados.

O Brasil tem hoje 15 milhões de pessoas registradas como MEIs, sendo quase 13 milhões ativos. Só em São Paulo, são 3,5 milhões. Pessoas que geram emprego, renda e oportunidades. Faz-se urgente rever pontos que melhorem as condições para se empreender no Brasil.

O primeiro é o aumento do limite de faturamento. Hoje, de R$ 81 mil por ano, ele limita o universo de empresários que se encaixam no perfil. Nossa defesa é para que se ajuste para até R$ 145 mil por ano.

A segunda alteração defendida pela Confederação das Associações Comerciais e Empresariais do Brasil (CACB) diz respeito ao aumento das atividades empresariais que podem ser praticadas pelos MEIs. O objetivo também é ampliar o número de empreendedores inscritos.

A luta pela livre-iniciativa

Por fim, há uma sugestão diretamente relacionada à geração de empregos: o aumento no número de funcionários que possam ser contratados pelos MEIs. Hoje, é apenas um. Por que não aumentar para dois, gerando mais empregos diretos?

Outro tema que está na mesa e que a CACB não considera encerrado é o funcionamento do comércio em domingos e feriados. A portaria do governo que determina aprovação dos sindicatos, definitivamente, atrapalha a economia brasileira. Sabemos que, em muitos setores, haverá dificuldade por parte dos sindicatos dos trabalhadores. E todos irão perder. Principalmente, cada um dos trabalhadores que não concordar com a decisão do sindicato, porque vê a jornada em domingos e feriados oportunidade para incrementar a comissão do fim do mês, ou, até, de crescer profissionalmente. Consideramos a decisão do governo um retrocesso nas relações entre patrão e empregado. Que pode, rapidamente, representar em aumento do desemprego.

Em um contexto de desafios econômicos, sociais, de enfrentamento da desigualdade, é consenso na sociedade civil que é de emprego que o povo brasileiro precisa. E o emprego está nas mãos dos comerciantes, empresários e empreendedores que trabalham, diariamente, para gerar renda, pagar imposto e fazer a economia girar e crescer.

Quando a reforma administrativa será prioridade?

Reforma administrativa não significa punição ao servidor público. Quem diz que os servidores não querem discutir pode estar enganado

Publicado no Diário do Comércio em 26 de janeiro de 2024

"Ah, mas é ano eleitoral…."

"Os servidores públicos não querem nem ouvir falar."

"Esse é um tema delicado, melhor não mexer."

Esses são apenas alguns exemplos de respostas quando o tema à mesa é a discussão de uma (tão necessária) reforma administrativa no Brasil. O avanço da regulamentação da reforma tributária será maior se atrelado à discussão de propostas para reduzir o tamanho da máquina pública.

Um estado como o nosso – grande, pesado e que não tem perspectivas de redução – emperra o desenvolvimento econômico e o crescimento do país. E o Brasil precisa de um crescimento sustentado, constante, frequente e equilibrado. Como fazer isso com o excessivo gasto público atual?

Reforma administrativa não significa punição ao servidor público. Quem diz que os servidores não querem discutir pode estar enganado. Defendemos o debate para que se chegue às convergências. Há milhares de servidores, por exemplo, que preferem ser avaliados por produtividade, e não por cumprimento de horário.

Há outros, de diversas áreas, que seriam motivados e entregariam uma melhor prestação de serviço se os critérios de promoção fossem alterados, depois de conversas e negociações. E há regras que podem

A luta pela livre-iniciativa

ser mudadas – visando o enxugamento das despesas – para os futuros servidores que ainda irão ingressar na máquina.

A reforma administrativa é fundamental. Com o valor gerado a partir da economia que faríamos com um estado mais enxuto, haveria dinheiro para investimentos públicos, sem a necessidade de aumento de impostos, já tão altos e penosos. Passou da hora do governo, da sociedade civil e do Congresso priorizarem esse debate. Ele levará tempo. E precisa ser feito com consenso, para se evitar judicializações. A hora é agora.

Posição CACB: Carta aberta ao presidente

Somente por meio do crescimento econômico iremos diminuir as desigualdades sociais, que tanto afligem todas as regiões do nosso país

Publicado no Diário do Comércio em 5 de fevereiro de 2024

O cenário econômico brasileiro terá, mais do que nunca, um ano desafiador em 2024. Em meio a tantos temas de relevância, a CACB (Confederação das Associações Comerciais e Empresariais do Brasil) defende que o foco de todas as decisões seja um só: o crescimento do país, com consequente aumento da renda média dos brasileiros e estímulo ao consumo e ao desenvolvimento. Esse pensamento deve nortear a todos, presidente.

Executivo, Legislativo, Judiciário, sociedade civil, entidades, organizações... É preciso que todos os entes estabeleçam um pacto com a sociedade, em prol do empreendedorismo sustentável, da abertura de oportunidades, do incentivo à criatividade e da volta do poder de compra, perdido ao longo dos últimos anos.

Um dos pontos de fundamental importância para se chegar a esse objetivo é a regulamentação da reforma tributária. A carga dos empresários e de quem gera empregos precisa ser menor. Daí a importância, por exemplo, de liberar a contratação de mais funcionários pelos microempreendedores individuais. Hoje, a legislação permite apenas um, o que limita a geração de empregos.

Outro ponto que precisa ser defendido nesse pacto é a necessidade de igualar o empresário brasileiro ao estrangeiro no caso das compras internacionais, colocando os produtos nacionais nas mesmas condições de tributação ou isenção. O que é produzido no Brasil precisa ser valorizado. O caminho da produção também gera emprego, tributos, e o incentivo tem que existir. A igualdade de oportunidades favorece a competitividade e a confiança do mercado interno.

Precisamos ter a coragem e o desprendimento de fazer a reforma administrativa – ainda que em ano eleitoral – para termos previsibilidade e, como consequência, mais investimentos.

No âmbito privado, os empreendedores não podem ter a liberdade cerceada. Medidas que possam interferir nas rotinas, jornadas, restrições de dias e horários são retrocesso e não combinam com as demandas do atual mercado de trabalho. O empreendedor brasileiro é criativo e precisa de liberdade. O olhar pro futuro é a única garantia de que não ocorrerão retrocessos. Por isso, esse chamamento por parte da Confederação das Associações Comerciais e Empresariais do Brasil (CACB), entidade nacional que representa 2 milhões de empreendedores do micro e pequeno negócio, segmento que emprega e gera renda.

Somente por meio do crescimento econômico iremos diminuir as desigualdades sociais, que tanto afligem todas as regiões do nosso país. Essa é a nossa contribuição: um chamado por um pacto nacional, de aspecto abrangente e apartidário, em que as divergências políticas se concentrem apenas no período eleitoral, para que façamos de 2024 o ano da virada. O ano em que as medidas anunciadas sejam determinantes para um retorno definitivo do crescimento econômico sustentável e inclusivo do Brasil e da nossa população.

Lei da Liberdade Econômica: é urgente a sua municipalização

Texto é um marco nas relações entre empreendedores e órgãos públicos, que possibilita a geração de mais emprego e estímulo aos negócios

Publicado em O Estado de S.Paulo em 30 de maio de 2024

A Confederação das Associações Comerciais e Empresariais do Brasil (CACB) é uma instituição presente em todos os Estados. Trabalha sob o princípio da municipalização, por acreditar no poder transformador da capilaridade dos municípios brasileiros. Sabe a força que eles têm e a capacidade para desenvolver a realidade econômica local. Em parcerias com as associações comerciais de cada Estado, o trabalho ganha corpo. Por isso, fazemos um chamamento de toda a sociedade civil, Parlamento, instituições públicas e agentes governamentais por um pacto pela municipalização da Lei da Liberdade Econômica.

Aprovado há quatro anos, o texto é um marco nas relações entre empreendedores e órgãos públicos, que possibilita a geração de mais emprego e estímulo aos negócios. A lei trouxe inúmeros avanços, em especial para frear a burocracia e a interferência política. Simplificou processo, encurtou caminhos, facilitou o trâmite para a abertura de novos negócios. Mas, com o passar dos anos, muitas pontas ficaram soltas, sem regulamentação, Brasil afora.

Por isso, é preciso estimular que a lei se torne realidade em cada Estado e em cada cidade. Os princípios básicos da lei trazem liberdade para atividades, presunção de boa-fé do empreendedor e interferência mínima do Estado.

A luta pela livre-iniciativa

A CACB defende que cada município implemente a lei de forma completa para desburocratizar e revogar regras que atrapalham o bom desenvolvimento da economia local. É importante que os Estados divulguem as mudanças que tanto beneficiam o desenvolvimento.

O Brasil ainda é um país absolutamente desigual. Apesar de enorme território, de ser formado por pessoas altamente capazes, criativas e empreendedoras. O que nos emperra muito é a burocracia. Quantos empregos deixam de ser criados por conta disso? Quantos brasileiros deixam de colocar em prática suas ideias por falta de ânimo para encarar o trâmite burocrático da abertura de um negócio? Quanto de imposto os municípios deixam de arrecadar por não terem esse ciclo econômico implementado em sua capacidade? Todas essas perguntas devem servir de reflexão para os agentes públicos.

A CACB acredita que somente por meio do crescimento econômico iremos diminuir as desigualdades sociais, que tanto afligem todas as regiões do nosso país. Esta é a nossa contribuição: um chamado por um pacto nacional, de aspecto abrangente e apartidário, pela implantação completa da Lei da Liberdade Econômica, em cada um dos municípios brasileiros.

Municipalizar a Lei de Liberdade Econômica cria empregos

Aplicação da legislação já tem experiências empíricas que comprovam sua efetividade no desenvolvimento do ambiente de negócios do país, escreve Alfredo Cotait Neto

Publicado no Poder 360 em 6 de junho de 2024

Antes de 2019, em alguma conversa sobre quem quisesse empreender no Brasil, era comum ouvir a seguinte frase: "É difícil abrir uma empresa e impossível fechá-la". A premissa era verdadeira e refletia os principais entraves para criar, desenvolver e encerrar uma operação de uma empresa no país: a burocracia.

A situação no Brasil está mudando graças à aprovação da LLE (Lei de Liberdade Econômica), aprovada em setembro de 2019. A união das associações e entidades empresariais, junto aos deputados e senadores a favor do empreendedorismo, permitiu desatar alguns dos pesados nós e da pesada carga que é investir no país.

A Lei de Liberdade Econômica se estabeleceu como uma ferramenta reguladora e normatizadora. Nesse sentido, uma das maiores e melhores mudanças observadas depois de sua implementação foi a viabilização de novos negócios. Assim, há mais incentivo para empreendedor no Brasil, uma vez que a lei impulsionou aspectos de digitalização de documentos e processos digitais, o que traz mais segurança jurídica para todos.

A legislação trouxe medidas para a desburocratização e simplificação de processos para as empresas e os empreendedores, e também modernizou algumas regras trabalhistas, favorecendo o ambiente

A luta pela livre-iniciativa

de negócios. Os brasileiros em todo o país se beneficiariam de maior liberdade econômica, menos burocracia, mais empregos e maior facilidade para abrir ou manter uma empresa.

Depois de 5 anos, 25% dos 5.570 municípios do país adotaram e colocaram em prática essa lei. Minas Gerais, Santa Catarina, São Paulo, Rio Grande do Sul e Espírito Santo são as unidades da federação com maior adesão das cidades à LLE. As regiões do Norte e do Nordeste caminham a um passo mais lento.

Depois de o município adotar a lei, a realidade da sua população muda. Esteio, no Rio Grande do Sul, foi o 1º município a implementar a LLE. Desde 2019, a legislação local facilitou a abertura de negócios para 871 atividades diferentes, que não precisam de alvarás, licenciamentos e pagamento de taxas para iniciar as suas operações.

Outro exemplo de sucesso foi Joinville, em Santa Catarina. A cidade adotou a LLE e observou rápida expansão do setor de serviços e comércio, com a abertura de mais de 500 estabelecimentos nos primeiros 6 meses. Além disso, a cidade registrou um crescimento de 8% na arrecadação de impostos relacionados a atividades econômicas.

Em Maringá, no Paraná, a cidade viu um aumento significativo no número de startups e empresas de tecnologia na região. Isso se refletiu em crescimento de 12% do PIB municipal nos 2 anos seguintes à adoção da lei. Uberlândia, em Minas Gerais, testemunhou uma diversificação de seu parque industrial, com a chegada de novos investimentos em setores como logística, tecnologia e inovação. Essa expansão econômica se traduziu em aumento de 10% na criação de empregos formais na cidade.

São só alguns exemplos que precisam se multiplicar pelo país. O desafio agora é avançar. Ter mais municípios no Brasil com plena adesão à LLE. Por isso, a CACB (Confederação das Associações Comerciais e Empresariais do Brasil) –que reúne 2.300 associações comerciais e empresariais dos setores do comércio, da indústria, da agropecuária e dos serviços– convocou autoridades, políticos, instituições e autoridades governamentais a participar de um pacto nacional, de aspecto abrangente e apartidário, pela implantação completa da Lei da Liberdade Econômica em cada um dos municípios brasileiros.

A importância do assunto é tão urgente que este Pacto pela Municipalização da LLE foi feito em sessão solene no plenário da

Câmara dos Deputados, em 5 de junho, e contou com a participação de mais de 200 empresários de todo o Brasil, deputados e senadores da Frente Parlamentar do Empreendedorismo.

É fato que a aplicação dessa lei simplificou processos e reduziu burocracias, transformando o ambiente de negócios brasileiro. Essa adesão precisa ser ampliada rapidamente. É preciso colocar em prática esses mecanismos mais dinâmicos que promovem o desenvolvimento e a criação de empregos.

A CACB defende que cada cidade implemente a lei de forma completa para desburocratizar e revogar regras que atrapalham o bom desenvolvimento da economia local. Sob o princípio da municipalização, acreditamos no poder transformador da capilaridade das cidades brasileiras. Sabemos a força que elas têm e a capacidade para desenvolver a realidade econômica local.

Municipalizar a Lei de Liberdade Econômica é uma aposta importante para ver todo o país crescer, produzir empregos e promover o desenvolvimento social.

Reforma tributária: realidade ou ilusão de ótica?

Desde abril, aguardamos que a regulamentação avance. A proximidade com o recesso parlamentar e com as eleições estaduais, no segundo semestre, tornam as previsões de avanço bem pessimistas

Publicado no Diário do Comércio em 14 de junho 2024

Grande parte dos agentes econômicos brasileiros comemorou, no fim de 2023, a aprovação da proposta de emenda à Constituição que instituiu a Reforma Tributária no nosso país. Ainda com divergências, críticas e dúvidas, parecíamos estar diante de um consenso de que aquele passo era melhor do que nada. Assim, se fez um clima de otimismo (mesmo a versão aprovada não sendo a ideal). Entretanto, seis meses se passaram, com pouquíssimos avanços. A regulamentação da Reforma Tributária caminha a passos muito lentos, sem nenhuma perspectiva de que representantes do governo ou do Congresso estejam priorizando essa etapa tão importante. Afinal, a regulamentação é quando as novas regras realmente saem da teoria e partem para a prática. É quando os ciclos da economia e do empreendedorismo irão, realmente, sentir os impactos.

Esse momento de incerteza me faz recordar os antigos mágicos que se apresentavam na tevê, nas noites de domingo. Com recursos de luzes, tecidos e muita habilidade, enganavam a plateia diante de espetáculos de ilusão de ótica que deixavam muita gente intrigada até o dia seguinte. A versão televisiva tinha como objetivo gerar entretenimento. Mas a nossa versão econômica dessa ilusão de ótica não tem nada de prazerosa ou interessante. Pelo contrário: gera insegurança jurídica, apreensão, falta de investimentos e pausa nos negócios. O que é péssimo para o país.

A Rede de Associações Comerciais, por meio da Confederação das Associações Comerciais e Empresariais do Brasil (CACB), acompanha de perto as tratativas, negociações e conversas, porque considera que alguns pontos da reforma são inegociáveis. Defendemos a inclusão de parâmetros para garantir a não elevação da carga tributária global, o direito ao crédito nas aquisições realizadas de empresas e nas vendas realizadas por empresas optantes do Simples Nacional e a criação da cesta básica de alimentos com alíquota zero, além da garantia de que todos os alimentos que estão nas cestas básicas possam ter alíquota reduzida em 60%.

Desde abril, aguardamos que a regulamentação avance. A proximidade com o recesso parlamentar e com as eleições estaduais, no segundo semestre, tornam as previsões de avanço bem pessimistas. O texto precisa passar pela Câmara dos Deputados e pelo Senado. Estamos diante de um calendário muito apertado, além da possibilidade de aparecerem urgências nacionais, como ocorreu com a catástrofe climática que se abateu sobre a população do Rio Grande do Sul. O possível otimismo do fim de 2023 desapareceu entre os agentes econômicos.

Há um outro problema que se tornou mais do que evidente: a falta de articulação política do governo no Congresso. O episódio que ocorreu no Senado, quando todos foram surpreendidos com a exclusão do tema da taxação de compras internacionais do texto do Mover, escancarou a falta de controle por parte da União. Líderes e presidentes das Casas não esconderam a surpresa. Os atritos se somam, no Planalto e no Congresso, tornando o clima político ainda mais conturbado.

Esse é apenas o último exemplo. O mais recente. Mas, em um ano e meio, são muitos os casos em que a falta de uma voz para construir diálogos em prol de soluções econômicas faz com que o cenário seja muito ruim para o futuro do Brasil. As disputas políticas precisam deixar temas econômicos de lado. E os representantes do governo precisam priorizar essas articulações para fazer com que a economia reaja, traga frutos e aumente a empregabilidade dos brasileiros. Em um contexto de desafios econômicos, sociais, de enfrentamento da desigualdade, é consenso na sociedade civil que é de emprego que o povo brasileiro precisa. E o emprego está nas mãos dos comerciantes, empresários e empreendedores que trabalham, diariamente, para gerar renda, pagar imposto e fazer a economia girar e crescer.

Ao cardápio das incertezas soma-se toda a insegurança jurídica na novela sobre a desoneração da folha de pagamento. E o fato de que, em pleno ano de 2024, inexiste uma discussão concreta sobre uma reforma administrativa, passo fundamental para realização de investimentos no país. Quisera eu que todo esse cenário de impasse fosse apenas uma ilusão de ótica.

Trabalhar aos domingos e feriados é nobre e importante

A decisão sobre abrir ou não o comércio aos domingos e feriados precisa ser tomada por cada estabelecimento, levando em conta suas particularidades como o ponto, o produto ou o serviço a ser oferecido, as demandas do consumidor e as motivações empresariais

Publicado no Diário do Comércio em 31 de julho de 2024

Segurança e previsibilidade jurídica são pilares fundamentais para o desenvolvimento econômico do Estado. O Brasil, entretanto, tem vivido dias de incerteza e indefinição desde que o Ministério do Trabalho anunciou que revogaria a decisão que permite trabalho aos domingos e feriados diante de um simples acordo entre patrões e empregados. Em 5 de junho, mais de 600 empreendedores de todos os estados e do Distrito Federal, reunidos no plenário da Câmara Federal, celebraram o aniversário da Lei da Liberdade Econômica. Uma mobilização que há muito tempo não se via no Congresso. Mas, nem tudo foi festa por conta de incertezas como essa. A Confederação das Associações Comerciais e Empresariais do Brasil (CACB) faz um apelo para que o Ministério do Trabalho reveja sua posição.

Ao anunciar uma portaria que determina que o acordo precisa passar por sindicatos e convenção coletiva, em novembro do ano passado, o Ministério do Trabalho dá marcha ré diante dos avanços das relações entre empreendedores e seus colaboradores. A portaria, de tão irreal, teve sua validade adiada três vezes, desde então. Há pressão do setor

A luta pela livre-iniciativa

econômico e o Congresso, claro, reagiu a isso. Está do lado de quem gera emprego, renda e impostos ao Brasil. Os parlamentares são sensíveis aos apelos de quem busca a desburocratização e a simplificação na hora de colocar uma loja funcionando ou de abrir um estabelecimento para prestar um serviço.

Os trabalhadores do comércio trabalham por produção, metas e vendas realizadas. Não há motivos para esse processo passar pela tutela do Estado ou de qualquer outro agente. Sabemos que, em muitos setores, haverá dificuldade por parte dos sindicatos dos trabalhadores. E todos irão perder: empregados e empregadores; comerciantes e comerciários. E, principalmente, cada um dos trabalhadores que não concordar com a decisão do sindicato que o representa, porque entende que a jornada em domingos e feriados é importante para incrementar a comissão do fim do mês, ampliar as possibilidades de aumento de renda ou, até, de crescer profissionalmente assumindo postos diferentes em escalas montadas nesses dias. Sem perder o dia de descanso, porque há previsão legal para essa readequação.

A decisão sobre abrir ou não o comércio aos domingos e feriados precisa ser tomada por cada estabelecimento, levando em conta suas particularidades como o ponto, o produto ou o serviço a ser oferecido, as demandas do consumidor e as motivações empresariais. Consideramos a decisão do governo um retrocesso nas relações entre patrão e empregado. Que pode, rapidamente, representar em aumento do desemprego.

Sendo assim, a CACB pede ao Ministério do Trabalho que revogue a portaria, que deixe aos empreendedores a liberdade de resolverem essas questões, sem a interferência do Estado. As entidades sindicais não representam a base dos médios e pequenos empreendedores. O Conselho do Trabalho só poderia funcionar com a grande maioria dos trabalhadores, que são representados pela CACB.

Discursos no Senado

Discurso durante a 184ª Sessão Deliberativa Ordinária, no Senado Federal

Homenagem pelo transcurso dos 20 anos do Código de Defesa do Consumidor, salientando a necessidade de implantação do "cadastro positivo" como forma de redução dos custos de concessão de crédito aos consumidores.

17 de novembro de 2010

Exmª Srª Presidenta, Srs. Senadores e Senadoras, no último dia 11 de setembro, o Código de Defesa do Consumidor completou vinte anos e é um instrumento jurídico moderno que vem regulamentando bem as relações de consumo no Brasil.

É uma conquista da sociedade civil organizada e das instituições públicas que se uniram para criar organismos para informar e defender os cidadãos; para ensinar as pessoas como comprar melhor e a lutar pelos seus legítimos direitos, ao mesmo tempo conscientiza empresas e empresários a ouvir e atender aos anseios de seus consumidores.

Essa é uma vitória de toda a sociedade brasileira. Mas precisamos avançar mais. Está na hora de começarmos a atuar decididamente no custo da concessão de crédito aos consumidores.

A ampla disponibilidade de crédito, com prazos mais longos, foi o principal fator para o significativo aumento das vendas do varejo nos últimos três anos. Entretanto, o Código de Defesa do Consumidor ainda não contemplou direito de o consumidor ter juros a sua disposição, com custo financeiro mais civilizado.

Hoje opera-se na concessão de crédito ao consumidor tanto nas vendas ao varejo como no financiamento de bens e serviços, com taxas de juros que giram em torno de 5% ao mês, chegando a patamares incríveis de 10% ao mês, aproximadamente, nas operações com cartões de crédito.

Isso ocorre porque o mercado fixa seus juros por intermédio de algumas variáveis, entre elas o risco de inadimplência.

Estudos do Banco Central do Brasil (Bacen) indicam que 25% do que entra na formação da taxa mensal de juros correspondem ao risco de inadimplência.

Hoje, uma consulta através do Sistema de Proteção ao Crédito apenas dá uma informação restrita de que "nada consta" em relação àquele consumidor consultado e não é suficiente para conhecer o seu histórico. Esse é o conhecido "cadastro negativo".

Para avançarmos e conseguirmos a redução dos *spreads* bancários e, por consequência, a redução dos custos financeiros com a diminuição das taxas de juros, precisamos autorizar a implantação do "cadastro positivo". A diminuição da taxa de juros é uma das metas do governo. Se é ela uma das metas, com certeza, o cadastro positivo virá ajudar nesse sentido.

Não há dúvidas de que o aumento da incerteza provoca maior risco nas operações financeiras e, consequentemente, tem reflexos sobre as taxas de juros. A forma de diminuir o risco de inadimplência é reduzir a assimetria de informações, isto é, oferecer mais elementos que permitam avaliar melhor o risco das operações.

Nesse contexto inclui-se a criação do cadastro positivo que oferece a possibilidade de se monitorar o grau de endividamento do consumidor e logicamente do contribuinte e seu histórico como devedor, o que, segundo estudos do Banco Mundial, em vários países, reduz o risco das operações, possibilita a diferenciação das taxas de juros em benefício do bom pagador, propicia aumento da oferta de crédito e promove diminuição da taxa média de juros na economia.

Portanto, com a implantação do cadastro positivo, o consumidor será beneficiado ao poder negociar com a instituição financeira o custo do seu crédito, que variará em função do seu histórico.

Com a implantação do cadastro positivo, estima-se que as taxas de juros no comércio poderiam cair até 20% para os clientes bons pagadores, assim como também os *spreads* bancários.

A luta pela livre-iniciativa

Países considerados emergentes como México, Chile, África do Sul, Austrália, Colômbia, República Dominicana, entre outros, já operam o cadastro positivo, mostrando que o Brasil está atrasado em relação ao uso desse importante instrumento que pode dar mais segurança às operações de crédito, reduzir o risco na concessão do crédito e beneficiar sobretudo o consumidor.

Vamos avançar e dotar a defesa do consumidor e do contribuinte de mais uma ferramenta que vise a beneficiar os consumidores, permitindo a criação do cadastro positivo.

O Sr. Antonio Carlos Júnior (DEM - BA) - Senador, permita-me?

O SR. ALFREDO COTAIT (DEM - SP) - Pois não, meu Líder.

O Sr. Antonio Carlos Júnior (DEM - BA) - Eu gostaria de fazer um comentário, inclusive na linha do que V. Exª vem falando, que é exatamente o elevado custo do crédito para pessoa física, em função de atitude passiva das instituições financeiras de não buscarem informações para fazer um cadastro que possibilite diferenciar o bom do mau pagador. Então, a função do cadastro positivo é exatamente a de facilitar o acúmulo dessas informações que possibilitariam, então, que a instituição financeira diferenciasse o bom do mau pagador e cobrasse taxas de juros justas para os bons e para os maus. Para quem não paga, com o risco de crédito elevado, sem dúvida, essa taxa de juros teria de ser maior. Mas, para o bom pagador, o spread teria de ser, obviamente, menor – spread é exatamente a diferença entre o custo de captação e a taxa do empréstimo, e é baseado, principalmente, no risco trazido pela operação. Portanto, a aprovação do cadastro positivo é mais do que importante para que possamos ter essa diferenciação e, realmente, se praticar uma taxa de juros mais justa para os consumidores. Na pessoa jurídica, isso já ocorre, porque a análise de crédito é feita em cima de dados objetivos fornecidos pelas empresas e, tecnicamente, consegue-se encontrar um formato que, efetivamente, diferencie o risco de crédito e precifica melhor os spreads bancários. Mas, no caso da pessoa física, não. Os bons pagadores pagam pelos maus, porque o nivelamento é por baixo, já que não há o acúmulo de informações que seriam suficientes para diferenciar a avaliação de crédito. Portanto, é importante a aprovação do cadastro positivo porque teríamos um instrumento importante para melhorar a situação das pessoas físicas que recorrem a empréstimos bancários.

O SR. ALFREDO COTAIT (DEM - SP) - Obrigado, Senador Antonio Carlos Júnior. Suas observações são corretíssimas.

O cadastro positivo vem auxiliar a concessão de um crédito melhor qualificado para as pessoas físicas. E não é só isso para a redução da taxa de juros. Hoje, o senhor sabe muito bem, estamos vivendo aí um momento com o problema causado pelo caso do Banco PanAmericano. Com certeza, o cadastro positivo viria na direção da melhoria da concessão do crédito, o que reduziria muito, no futuro, a possibilidade de casos iguais a esse do PanAmericano.

Portanto, reitero aqui a nossa colocação na concordância com as suas observações de que é fundamental que avancemos na proteção dos contribuintes e do consumidor, para que aprovemos o cadastro positivo, para que eles possam ter um *score* que lhes permita ter sempre um custo de taxa de juros de crédito cada vez mais baixo de acordo com seu histórico exemplar.

Era o que tinha a dizer.

Muito obrigado.

Discurso durante a 188ª Sessão Deliberativa Ordinária, no Senado Federal

Transcurso do sexagésimo sétimo aniversário de independência do Líbano, retratando fatos de sua trajetória histórica e de sua ligação fraterna com o Brasil.

23 de novembro de 2010

Presidente Jefferson Praia, primeiramente, eu queria fazer uma manifestação ao senhor. Estava acompanhando o Prefeito Gilberto Kassab em uma visita aqui, à Câmara e ao Senado, e ouvi atentamente o seu pronunciamento acerca do seu projeto de lei sobre a mudança do teto para as micros e pequenas empresas e para os MEIs, microempreendedores individuais.

Apoio integralmente o seu projeto. Acho fundamental que isso seja aprovado rapidamente. E como o senhor mesmo expôs no seu pronunciamento, são essas empresas que empregam hoje grande número de pessoas e que têm essa disponibilidade de aumentar e alargar as oportunidades de emprego no nosso País.

O SR. PRESIDENTE (Jefferson Praia. PDT - AM) - Se o senhor me permite...

O SR. ALFREDO COTAIT (DEM - SP) - Pois não.

O SR. PRESIDENTE (Jefferson Praia. PDT - AM) - É só para agradecer o apoio à iniciativa importante em relação às micros e pequenas empresas. Eu quero só lhe dizer que não sou o autor do projeto. É um projeto de grande relevância. E, como nós estamos nesta luta pelas micros e pequenas empresas - aqui no Senado temos um dos grandes lutadores que é o Senador Adelmir Santana -, fico muito feliz de V. Exª estar junto conosco nessa empreitada. Muito obrigado, Senador.

O SR. ALFREDO COTAIT (DEM - SP) - Queria parabenizá-lo pelo seu pronunciamento e dizer que conte com o meu apoio.

Hoje, Presidente, assomo a esta tribuna para falar um pouco sobre um país, o Líbano, pequeno país do Oriente Médio, que comemorou ontem o seu 67º aniversário de independência. Isso não passa de uma fração mínima de sua história, de mais de seis mil anos.

Mas por que festejar o pequeno Líbano, de pouco mais de 4 milhões de habitantes e tão-somente 200 quilômetros quadrados? Primeiro, porque é a terra de origem de quase 5% da população brasileira. Cinco por cento de 200 milhões são cerca de 10 milhões de brasileiros que têm como origem de seus antepassados, pais e avós, o Líbano. Mais que isso, porque é um lugar cheio de significados, que um dia o Papa João Paulo II definiu como "país-mensagem", um oásis na estratégica posição histórica entre Ocidente e Oriente, numa região que foi um dos berços da civilização, região essa que mais tarde ganhou evidência pela existência do ouro negro, o petróleo. Ao contrário da vizinhança, o ouro do Líbano é branco, pois lá a riqueza não menos cobiçada é a água. Uma nação tão jovem que, contudo, vem da Antiguidade. Lá está, entre outras, a cidade de Biblos, uma das mais antigas da humanidade. Eis onde foi criado o nosso alfabeto, assim como o nascedouro da navegação e do comércio. Também por lá passaram os grandes conquistadores. Desde a antiga Fenícia, seguidas destruições por invasões, incêndios, terremotos, todas seguidas por ressurgimentos que lhe valeram o título de Fênix, a ave que renasce das cinzas.

Seus filhos já haviam partido para o longínquo Brasil, quando finalmente se tornou um país independente, em 1943.

No auge dos anos 50 e 60, chamava-se a "Suíça do Oriente". Conheceria mais adiante as trevas de um conflito estrangeiro - erroneamente chamado civil. Mas haveria de renascer e se reconstruir outra vez, como vem fazendo nos últimos 20 anos.

Ainda hoje, encravado em um mundo árabe, em busca da paz duradoura, esse novo Líbano segue amante da arte de viver, da liberdade de credo e de costumes, da hospitalidade e da amizade, tendo com o

A luta pela livre-iniciativa

Brasil laços fraternos. Consideram, Sr. Presidente, o português a sua quarta língua oficial, após o árabe, o francês e o inglês, graças aos 100 mil brasileiros que lá mantêm suas residências. Uma curiosidade: lá há uma cidade de 5 mil habitantes onde somente se fala português. Lugar onde o Presidente José Sarney pôde proferir uma aula aos estudantes quando da ocasião de sua visita ao país, anos atrás.

Invoca-se, nesse momento, a ligação fraterna com o Brasil. De um lado, o Líbano se vê à mercê de cada turbulência em seu entorno. De outro, o nosso País, em franca ascensão entre as potências globais e em vias de exercer influência cada vez maior na defesa dos direitos humanos, da autodeterminação dos povos e da defesa de sua integridade. Este, diga-se de passagem – e com toda a justiça – tônica incontestável da política externa do Governo do Presidente Lula.

Podemos e devemos legitimamente fazer pressão política, exercer, quando chamados, o papel de moderador neutro, emprestar a nossa própria credibilidade aos temas da defesa, da justiça e da paz, sempre que cabível.

Mais ainda, no caso do Líbano, país a que devemos a importante contribuição para a formação do nosso próprio povo. Sim, isso falaria ao coração desses milhões de brasileiros descendentes, entre os quais se encontram ilustres nomes ligados a esta Casa, como, por exemplo – gostaria de citar um ícone da nossa coletividade – o Senador Pedro Simon. Também não poderia deixar de fazer uma referência ao ex-Senador e ex-Presidente desta Casa Ramez Tebet, que já nos deixou. Seria assim também coerente com todos os valores de uma nação democrática, como a nossa. Mais além, serviria de fomento a uma cooperação bilateral tão estratégica quanto subutilizada.

No comércio líbano-brasileiro, observamos o crescimento de 83% nos últimos anos, mas ainda é incipiente, apesar dos esforços da Câmara de Comércio Brasil-Líbano, que tenho a honra de presidir. Todavia, um mercado de tamanho modesto como o Líbano tem uma pequena participação nos números do Brasil, chegando a pouco mais US$310 milhões em 2009.

Menos expressiva ainda é a pauta de comércio, restrita a tão poucos itens.

É necessário raciocinar de forma estratégica. Como sustentava há anos o Embaixador Michael Neele: "Entre ter um bom cliente ou um bom sócio, vale mais este último".

Por todas as suas condições, o Líbano se apresenta como parceiro ideal para ser uma plataforma de serviços e produtos brasileiros a serem exportados para todo o mundo árabe, cada vez mais receptivos a eles. Além disso, o Líbano exporta recursos humanos por intermédio de numerosos libaneses formadores de opinião, que ocupam cargos de direção em grandes empresas em toda a região, especialmente na região do Golfo, reafirmando uma zona de influência desse país que nos é tão próximo. Esse é um patrimônio ainda a explorar, ou seja, a convergência de forças entre o Brasil e o Líbano para a conquista de terceiros mercados. Em vista de tudo isso, só temos a ganhar ajudando esse parceiro de tanto potencial, fazendo acordos tarifários de livre comércio, semeando novas ações conjuntas futuras, em proveito mútuo.

Em vista disso, parece-nos evidente que o investimento na relação estratégica bilateral nos é de alto interesse. Defendo, por isso, que o Brasil encaminhe ao foro competente, no âmbito do Mercosul ou por meio do nosso Itamaraty, o quanto antes, moção pelo estudo e estabelecimento de acordo livre-comércio com o Líbano.

Lembre-se que os parceiros do Mercosul também têm na imigração libanesa componente dos seus povos e, pelo mesmo arrazoado, podem igualmente se beneficiar do aprimoramento dessas relações. Sim, grandes possibilidades de interesse nacional nem sempre são facilmente perceptíveis. Esse é o caso da amizade entre o Brasil e o Líbano.

Quero, para encerrar, Sr. Presidente, fazer um comentário especial. O Líbano é um pequeno país, amigo do Brasil, que tem na diáspora brasileira mais do que o dobro da população que reside lá. O Líbano tem hoje quatro milhões de habitantes e a diáspora no Brasil, que é a maior de todas, corresponde a mais de dez milhões.

Temos raízes culturais muito próximas. Portanto, cabe estrategicamente considerar que é lá o local adequado para se ter um programa de comércio, principalmente para fazer a introdução dos produtos brasileiros em todo o mundo árabe.

Um povo amigo, um governo amigo e democrático. É um dos poucos países da região que está sob o regime da democracia.

Portanto, quero agradecer, Sr. Presidente, a oportunidade de nesta

A luta pela livre-iniciativa

tribuna falar um pouco sobre esse pequeno país que está no coração de mais de dez milhões de brasileiros: o Líbano!

Muito obrigado, Sr. Presidente.

Discurso durante a 190ª Sessão Deliberativa Ordinária, no Senado Federal

Registro de proposição legislativa que estabelece dois prêmios nacionais: os prêmios César Lattes e Santos Dumont, cujos objetivos são o incentivo à pesquisa e ao desenvolvimento, respectivamente.

24 de novembro de 2010

Sr. Presidente Antonio Carlos Júnior, a quem agradeço pela liderança e pela orientação nesses meus dias iniciais de mandato, Srªs e Srs. Senadores, povo brasileiro, estou assomando à tribuna do Senado para informar que propus uma medida legislativa que estabelece dois prêmios nacionais: os prêmios César Lattes e Santos Dumont.

O prêmio César Lattes destina-se ao cidadão brasileiro que receber prêmio ou láurea conhecidos internacionalmente, a exemplo do Prêmio Nobel, por atividades realizadas individualmente ou em instituições localizadas no Brasil, inclusive empresas, com o intuito de estimular o desenvolvimento do pensamento nacional, sendo concedido exatamente nas áreas de Física, Química, Fisiologia ou Medicina, Economia, Literatura e Paz (Prêmio Nobel) e terá o valor em reais equivalente ao recebido em coroas suecas.

O prêmio Santos Dumont deve ser conferido a cidadãos brasileiros que, trabalhando individualmente ou em instituições localizadas no Brasil, inclusive empresas, criarem inovações capazes de resolver determinados problemas cuja solução seja de interesse nacional e gere benefícios para a população e/ou para as atividades econômicas brasileiras.

A luta pela livre-iniciativa

O primeiro prêmio procura incentivar os brasileiros no alcance dos prêmios Nobel, oferecendo importância adicional da mesma magnitude aos brasileiros que o alcançarem. O Prêmio Nobel cobre as áreas de Física, Química, Fisiologia ou Medicina, Economia, Literatura e Paz.

A propósito, vale lembrar que o Brasil ocupa uma posição nada lisonjeira nessa premiação, pois seus cidadãos ainda não receberam nenhum prêmio desse tipo. Nosso vizinho, por exemplo, a Argentina, já recebeu cinco. Portanto, Argentina, cinco; Brasil, zero. Está na hora, Sr. Presidente, de nós mudarmos esse jogo. Está na hora de nós conseguirmos mudar esse resultado. Na verdade, esse prêmio é um incentivo à pesquisa, que é fundamental para o desenvolvimento do País.

O segundo prêmio é voltado especificamente para as necessidades nacionais e propõe-se seja conferido em cinco categorias, à razão de um em cada caso, a cidadãos brasileiros que, trabalhando individualmente ou em instituições localizadas no Brasil, criarem inovações capazes de resolver determinados problemas, cuja solução seja de interesse nacional e gere benefícios para a população e/ou para as atividades econômicas.

Um desses prêmios poderia ser, por exemplo, a descoberta de uma vacina contra a malária ou de remédios para a mesma enfermidade que não tivessem os mesmos efeitos colaterais indesejáveis dos atualmente aplicados. Ainda quanto à mesma doença, o prêmio também poderia estimular a descoberta de novas drogas também sem os mesmos efeitos indesejáveis das atuais. Outra área que poderia ser contemplada é a da energia, na busca de soluções baseadas em recursos naturais renováveis.

Portanto, esse é um desafio, mas, acima de tudo, é um incentivo à pesquisa e ao desenvolvimento, principalmente para que as nossas cabeças, meu caro Presidente Mão Santa, que as nossas grandes cabeças fiquem no Brasil e tenham oportunidade de desenvolver o seu trabalho na pesquisa aplicada e sejam estimuladas a obter esses dois prêmios.

Meu caro Presidente Mão Santa, o senhor no seu pronunciamento falou carinhosamente do nosso querido Senador Romeu Tuma. O senhor tem toda a razão: a Polícia Federal deveria fazer uma homenagem a essa figura extraordinária que foi o nosso Romeu Tuma, que tanta saudade nos deixa e que tanta falta faz a esta Casa.

Muito obrigado, Senador.

Discurso durante a 195ª Sessão Deliberativa Ordinária, no Senado Federal

Cobrança de ações efetivas e concretas do Governo Federal que permitam a elevação dos investimentos públicos no País, em virtude, principalmente, das limitações impostas, nos Estados e Municípios, pela Lei de Responsabilidade Fiscal, oferecendo sugestões para elevar os níveis de investimento público no Brasil.

30 de novembro de 2010

Sr. Presidente, Senador Flexa Ribeiro, V. Exª expôs com brilhantismo, há pouco, a importância que é executar uma obra de hidrovia, considerando as eclusas, para que não haja o transbordamento das águas quando isso acontecer.

Eu queria também falar aos Srs. Senadores presentes aqui, na Casa. O tema que eu gostaria de também abordar é investimentos. Eu queria cobrar do Governo Federal ações efetivas e concretas que permitam a elevação dos investimentos públicos no País em virtude principalmente das limitações impostas, nos Estados e Municípios, pela Lei de Responsabilidade Fiscal. Eu também queria oferecer algumas sugestões para elevar os níveis de investimento público no Brasil.

Na questão do baixo índice de investimento público por parte do Governo Federal em relação aos investimentos dos Governos Estaduais, Distrital e Municipais, é do senso comum que os Estados federados e Municípios fazem investimentos em proporção infinitamente superior à União. Referida afirmativa encontra abrigo e tem fundamentação no artigo "O nó dos investimentos públicos brasileiros", de autoria do Dr.

José Roberto Afonso, economista de carreira do Banco Nacional de Desenvolvimento Econômico Social, mestre pela Universidade Federal do Rio de Janeiro e doutorando do Instituto de Economia da Unicamp.

Minha fala não tem a pretensão de traçar um diagnóstico atualizado do investimento público no Brasil, mas apenas levar o Governo Federal, a classe política, os Srs. Senadores e as instituições da sociedade civil a refletir sobre ações que acelerem seu autodenominado Programa de Aceleração do Crescimento, hoje, extremamente lento.

É fato público e notório que o nível de investimento do Governo brasileiro em relação aos demais países do mundo é extremamente baixo, pois o País está entre os que menos investem em proporção do PIB em todo o mundo. Tal nível ínfimo de investimento deve-se, sobretudo, à descentralização de ações, de modo que o esforço fiscal por parte dos principais governos estaduais e municipais das capitais, em relação à receita própria, é bastante superior ao investimento da União, apesar das limitações impostas pela Lei de Responsabilidade Fiscal.

Concordo também com as lições daquele economista do BNDES de que são necessárias três medidas básicas para a melhoria imediata do nível de investimento no Brasil, quais sejam:

Primeira medida: fomento ao maior investimento privado, via tributos e créditos, por parte dos bancos oficiais (Banco do Brasil, Caixa e BNDES).

Segunda medida: um novo desenho de parcerias do setor público com o privado, as chamadas Parcerias Público-Privadas (PPPs), em torno de grandes projetos de investimentos rentáveis, em que grandes projetos de investimentos em infraestrutura, de propriedade estatal, pudessem ser financiados e geridos por empreendedores privados.

Terceira medida: a adoção de reformas institucionais que abram espaço para a adequada priorização e continuidade dos investimentos no âmbito dos orçamentos públicos.

Em relação às demais economias emergentes, quando comparado o peso do Estado na economia, o Brasil se sobressai em duas variáveis. Primeira variável: pouquíssimos governos no mundo arrecadam tantos tributos como o brasileiro. Segunda variável: praticamente nenhum governo do mundo investe tão pouco como o brasileiro.

É de senso comum a necessidade de elevar o investimento público como forma de o País crescer de forma sustentada e desenvolver-se, porque a taxa de investimento da economia como um todo, em proporção ao Produto Interno Bruto (PIB), é muito baixa. Nesse sentido, a infraestrutura básica brasileira é o segmento que mais se ressente dessa distorção estrutural.

Nos últimos anos, o Governo Federal defendeu firmemente a ampliação dos investimentos, seja para atender um plano político de aceleração do crescimento, seja como uma política anticíclica ou de combate à crise financeira global. Porém, da promessa à realidade, há uma enorme distância. Por mais que os investimentos públicos tenham crescido nos últimos anos, ainda está muito longe do patamar a que já chegou em passado recente nacional e da média das economias emergentes.

Assim, eu gostaria de alertar a futura Presidenta do Brasil e sua equipe econômica de que a moderna teoria econômica neoclássica não vê mais o gasto público como concorrente do gasto privado e como fator de pressão sobre as taxas de juros. Em determinadas circunstancias, o gasto público pode até mesmo complementar os investimentos privados e melhorar sua produtividade para a população nacional, gerando maior crescimento de longo prazo. Esse novo pensamento considera que a estrutura do gasto público é mais importante do que o nível do investimento público.

A palavra mágica é o investimento público produtivo em projetos de infraestrutura, deixando de lado a construção de prédios públicos e outras despesas do gênero, considerados investimentos improdutivos. Até mesmo o Fundo Monetário Internacional (FMI), em aceitação recente, defende que alguns investimentos produtivos recebam tratamento fiscal diferenciado, como ocorreu no Brasil a partir do Plano Plurianual de Investimentos (PPI) e, mais especificamente, no Plano de Aceleração do Crescimento (PAC).

A expansão do investimento público depende de mudanças mais profundas. Nesse sentido, tomo a liberdade de sugerir às autoridades constituídas a adoção das seguintes medidas que, a meu ver, elevarão rapidamente o índice de investimento público no País.

Primeira medida: imposição de austeridade e responsabilidade fiscal à União. Nesse sentido, deve-se impor à esfera federal a mesma austeridade e responsabilidade que passou a ser exigida para os Estados,

A luta pela livre-iniciativa

para o Distrito Federal e para os Municípios depois da edição da Lei de Responsabilidade Fiscal, pois é inadiável a fixação dos limites à dívida federal, seja a consolidada, seja a mobiliária, cujas propostas estão paralisadas no Congresso Nacional desde 2000.

A União responde, Senador Paim, atualmente, por mais de 90% da dívida pública nacional, de modo que é fundamental que o Governo Federal passe a se submeter a algum limite de endividamento. O Congresso Nacional e o Senado da República têm a obrigação institucional de fixar limites à União, próximos ou até mesmo inferiores ao nível atual das dívidas dos Estados, do Distrito Federal e dos Municípios em relação à sua receita, traçando uma trajetória para a redução ao longo dos próximos anos.

A União deve submeter-se à mesma restrição que, no início da década, foi imposta àqueles entes federativos e cumprida por eles com relativo sucesso. A União deve seguir a mesma trajetória que ela mesma impôs aos Estados e aos Municípios que renegociaram suas dívidas junto ao Tesouro Nacional antes da edição da Lei de Responsabilidade Fiscal. Nesse sentido, é fundamental que se limite a capacidade de financiamento da União, que lhe seja imposta uma restrição orçamentária, do mesmo modo a que os governos estaduais e municipais já precisam obedecer há mais de uma década.

Segunda medida: é fundamental também que a União Federal dê atenção especial aos investimentos executados pelos governos estaduais e municipais, porque o investimento público no Brasil é muito descentralizado. O investimento público deve ser resgatado e valorizado através da análise do potencial de endividamento estadual e municipal. A partir daí, pode-se e deve-se abrir oportunidade para o financiamento de grandes projetos, até mesmo junto a organismos internacionais e bancos públicos nacionais, tendo em vista que o nível da dívida da grande maioria desses governos está abaixo do limite máximo fixado pelo Senado em atenção à Lei de Responsabilidade Fiscal, e eles devem conseguir comprovar boa capacidade de pagamento dos serviços futuros das novas dívidas.

Nessa linha de raciocínio, Sr. Presidente Mão Santa, estou elaborando um projeto de lei que pretendo apresentar nos próximos dias ao Senado Federal, que autoriza os Estados, o Distrito Federal e os Municípios a abaterem em torno de 20% das prestações pagas, o que corresponde ao abatimento do endividamento que eles têm com a União, para que esses recursos sejam investidos por aqueles entes federativos, que devem ser monitorados pelo Governo Federal, em obras de infraestrutura mutuamente decididas. Essa conexão direta entre a União e os demais entes federativos permitiria economizar custos burocráticos e agilizar as ações.

Para os senhores terem uma ideia, assinalo que o Estado de São Paulo paga anualmente à União R$9 bilhões, de que se poderia destacar algo em torno de R$1,8 milhão, com a orientação do Governo Federal. Esses recursos poderiam ser diretamente investidos em obras de infraestrutura prioritárias do Estado de São Paulo. A cidade de São Paulo, por exemplo, Presidente Mão Santa, paga em torno de R$2,9 bilhões por ano de serviço da dívida. Daí se poderia tirar uma parte disso, 20%, e direcionar esses recursos diretamente para investimentos em obras de infraestruturas prioritárias da cidade de São Paulo, monitoradas pelo Governo Federal.

Terceira medida: para fins do fomento aos investimentos, o debate-chave deve ser o de buscar soluções adequadas para definição dos projetos de investimentos prioritários, procurando-se a viabilidade técnica, ambiental e financeira desses projetos, antes mesmo da inclusão no Orçamento-Geral da União, e – o que é principal – o de assegurar a continuidade das dotações e das obras nos casos dos investimentos que envolvam mais de um exercício financeiro, de modo a assegurar o caráter plurianual da prioridade e da continuidade dos investimentos classificados como estratégicos por um governo.

Quarta medida: várias empresas estatais podem receber o mesmo tratamento já dispensado à Petrobras, que foi excluída do controle das metas de necessidades de financiamento e dívida líquida, porque é uma empresa independente do Tesouro, conceito já previsto e observado pela Lei de Responsabilidade Fiscal há dez anos. Tal medida abriria espaço para terem mais acesso a crédito e mesmo ao mercado de capitais, inclusive para financiarem grandes projetos de infraestrutura.

Quinta medida: por fim, para a melhoria da governança corporativa das empresas, é fundamental que o Congresso Nacional amplie as discussões em torno do chamado Estatuto das Empresas Estatais, previsto na nossa Constituição.

Portanto, Srªs e Srs. Senadores, essa é uma proposição.

Para tentar dar uma ideia ao Senador Paim, quero dizer que o seu Rio Grande do Sul, que tem hoje dívida com a União, ao efetuar seu pagamento mensalmente, cumprindo seus compromissos, poderia direcionar uma parte desse valor diretamente a investimentos prioritários no Estado, resolvidos de comum acordo entre Governo Federal e Governo do Estado, monitorados pelo Governo Federal.

Srªs e Srs. Senadores, meus companheiros, essa é uma ideia que eu queria expor aqui. No futuro, em alguns dias, oferecerei um projeto, para que possa ser debatido nesta Casa.

Sr. Presidente Mão Santa, muito obrigado pela oportunidade.

Discurso durante a 196ª Sessão Deliberativa Ordinária, no Senado Federal

Comentários a respeito da candidatura da Cidade de São Paulo à sede da Exposição Universal de 2020.

1º de dezembro de 2010

Exmº Sr. Presidente, Senador José Sarney, Srᵃˢ e Srs. Senadores, gostaria de trazer aqui um assunto muito especial para o nosso País. Existem três grandes eventos internacionais que alavancam o desenvolvimento: um deles é a Copa do Mundo, que será realizada no Brasil em 2014; o outro são as Olimpíadas, que serão realizadas no Rio de Janeiro em 2016. Mas há ainda mais um: as Exposições Universais, e falta ao Brasil sediar uma Exposição Universal.

São Paulo está querendo se candidatar, e o nosso trabalho é para 2020. Em decorrência disso, a Prefeitura da cidade de São Paulo anunciou a disposição de trabalhar pela candidatura da cidade a sede da Exposição Universal de 2020. Firmou para isso um protocolo de intenções com a Associação Brasileira da Indústria de Base (Abdib), já que o apoio da iniciativa privada será fundamental para uma iniciativa tão ambiciosa.

O próprio Governador do Rio de Janeiro, Sérgio Cabral, pronunciou-se a favor da candidatura de São Paulo, uma cidade brasileira com grande vocação para abrigar o terceiro maior dos eventos internacionais, uma grandiosa mostra do conhecimento humano e dos avanços científicos e tecnológicos para os novos tempos. O Prefeito da cidade do Rio de Janeiro, Eduardo Paes, também se manifestou totalmente favorável a que a cidade de São Paulo sedie esse evento.

A Exposição Universal em São Paulo, em 2020, completará, portanto, uma década crucial para a ascensão do Brasil ao clube das maiores potências. Conquistar o direito de sediar uma Exposição Universal, por sinal, decerto muito acelerará esse processo.

A candidatura a sede de uma Exposição Universal não pertence às cidades postulantes, mas sim a seus Estados nacionais. A pretensão de São Paulo precisa, assim, do aval do Planalto para se tornar realidade, que é o anseio de todo o povo paulistano, paulista e brasileiro.

A moção, que já tem o apoio declarado do nosso Itamaraty e de outros setores do Governo, como o Ministério do Turismo e o Ministério do Desenvolvimento, encontra-se sobre a mesa do nosso Presidente Luiz Inácio Lula da Silva, para que ele ratifique a indicação da cidade de São Paulo. Estamos aguardando essa ratificação para começarmos a preparar a nossa candidatura. E precisamos que isso seja feito o mais rápido possível, pois temos um calendário a cumprir.

O órgão que regulamenta e governa as exposições universais é o Bureau Internacional de Exposições (BIE), instituição supranacional sediada em Paris, onde 150 países elegerão, por meio de seus representantes diplomáticos, provavelmente em meados de 2013, a cidade com o privilégio e a responsabilidade de sediar a Exposição Universal de 2020. Até lá, uma campanha vigorosa e árdua ocorrerá entre as diferentes candidaturas.

No último dia 23 de novembro, a Secretaria Municipal de Relações Internacionais da cidade de São Paulo, participou como observadora da 148ª Assembleia Geral do Bureau Internacional de Exposições (BIE), na companhia da delegada brasileira, a diplomata Bertha Gadelha, de representantes da Abdid e de consultores responsáveis pela candidatura vitoriosa da cidade de Milão, que será a sede para a Expo de 2015. O nosso objetivo era se familiarizar com o *modus operandi* do órgão, conhecer seu funcionamento.

Quando a candidatura estiver oficializada, uma estratégia comum deverá congregar Governo Federal, Governo do Estado, Prefeitura da cidade de São Paulo e, obviamente, a iniciativa privada em torno da acirrada corrida para que essa escolha recaia sobre nossa cidade. A condução será do Ministério das Relações Exteriores.

Na Assembleia, reuniam-se os representantes dos países-membros, em torno das questões orgânicas do Bureau, além daquelas ligadas ao evento recém-terminado em Xangai, bem como aos próximos, em Yeousu, na Coreia, em 2012, e em Milão, em 2015.

Embora ainda oficioso, o pleito de São Paulo já inspira boa vontade palpável entre os participantes e uma expectativa de confirmação que, pouco a pouco, começa a reverberar.

Na véspera, São Paulo se avistara em reunião privada com o Secretário-Geral do Bureau, o espanhol Vicente Loscertales, que se manifestou de forma entusiasta por uma possível candidatura latino-americana e pela perspectiva da realização da primeira Exposição Universal no Hemisfério Sul em toda a sua história.

Loscertales destacou que, após uma tentativa frustrada do México, já há anos, é São Paulo a cidade de fato que reúne reais condições de trazer o evento para o continente. Ele lembrou ainda que caberá à embaixada do Brasil em Paris papel fundamental durante toda a campanha.

O período para a apresentação oficial de candidaturas se abre em 1º de janeiro de 2011. Quando a primeira candidatura for depositada, as demais cidades terão um máximo de seis meses para suas proposituras, já com temas, datas e locais de exposição definidos. Portanto, estamos muito atrasados!

Segundo o Secretário-Geral Loscertales, são potenciais rivais de São Paulo as cidades de Ismir, na Turquia, além de candidaturas vindas da Tailândia, dos Emirados Árabes Unidos e do Catar.

Sempre simpático à aspiração de São Paulo, Loscertales concordou em fazer uma primeira visita a São Paulo em fevereiro do próximo ano, desde que nossa candidatura seja oficializada.

Portanto, este, o pleito e o pedido para que o Palácio do Planalto defina rapidamente a indicação de São Paulo, um anseio de toda uma cidade, de todo um Estado e de todo um País, para trazer esse evento muito importante para o nosso País.

Sr. Presidente, essas são as minhas considerações e as minhas informações, agradecendo a sua generosidade, permitindo que eu usasse esta tribuna para dar essa informação.

Discurso durante a 197ª Sessão Deliberativa Ordinária, no Senado Federal

Registro da extinção, a partir do ano que vem, do mecanismo de correção da tabela do Imposto de Renda das pessoas físicas que vinha sendo aplicado nos últimos quatro anos, o que, segundo S.Exa., deverá elevar a carga tributária sobre os rendimentos dos trabalhadores a níveis insuportáveis. Justificativa de projeto de lei, apresentado ontem por S.Exa., que objetiva fixar a tabela progressiva do Imposto de Renda incidente sobre os rendimentos de pessoas físicas para o ano calendário de 2011 e seguintes.

2 de dezembro de 2010

Exmº Presidente Mão Santa, Senadores, Senadoras, brasileiros e brasileiras aqui presentes e os que estão nos assistindo pela TV Senado, fico muito lisonjeado com a sua citação do artigo de *O Estado de S. Paulo* de hoje sobre o Argentina 5, Brasil 0, referente àqueles que receberam o Prêmio Nobel.

A intenção do meu projeto de lei é um incentivo à pesquisa e à ciência; precisamos fazer com que os nossos cientistas, pesquisadores tenham o estímulo de trabalhar com mais afinco aqui, no Brasil, e não fora, e este estímulo viria através também destes dois prêmios, o Prêmio César Lattes, que foi, provavelmente, o maior físico que nós já tivemos, e o Prêmio Santos Dumont. São dois ícones da ciência e do mundo científico brasileiro. Portanto, eu fico muito lisonjeado com suas palavras.

Também queria agradecer ao economista Roberto Macedo, que entendeu a razão do nosso projeto de lei, e, para tanto, escreveu esse artigo muito apropriado, em *O Estado de S. Paulo*, explicando exatamente a razão dos dois títulos.

Mas hoje, Sr. Presidente, venho a esta tribuna para falar um pouquinho sobre o reajuste da tabela do Imposto de Renda.

Conforme já foi amplamente noticiado pela mídia nacional, na segunda metade do mês passado, após quatro anos, o mecanismo de correção da tabela do Imposto de Renda da Pessoa Física, estabelecida pela Lei nº 11.482, de 31 de maio de 2007, chegará ao fim no próximo dia 31 de dezembro de 2010. Portanto, não mais teremos correção da tabela do Imposto de Renda para a Pessoa Física.

A extinção desse mecanismo de reajuste, por previsão inscrita no próprio texto legal, terá consequência direta e imediata na renda do trabalhador, pois a Receita Federal avançará nos rendimentos do trabalhador com maior voracidade.

Para evitar mais esse avanço indireto da carga tributária, promovido pelo Governo Federal, é fundamental que nós aqui, no Congresso Nacional, procuremos a equipe econômica e peçamos para ela, tanto a deste Governo como a do futuro Governo, uma solução imediata para a questão, pois, sem a reintrodução de um outro mecanismo de ajuste da tabela do Imposto de Renda da Pessoa Física, a carga tributária sobre o trabalhador brasileiro alcançará níveis insuportáveis a partir de 2011.

É de conhecimento que a não correção daquela tabela é uma estratégia do Governo Federal para promover o aumento disfarçado da carga tributária, pois o trabalhador brasileiro precisará entregar à Receita Federal uma fatia cada vez maior da sua renda.

Tal estratégia tem sido utilizada pela União há mais de 15 anos, Sr. Presidente, desde o início do Plano Real, sob a argumentação de que a economia nacional precisava estar desindexada, com o que concordamos naquela ocasião, e aquele plano econômico deveria se consolidar, de modo que a correção da tabela do Imposto de Renda era inviável naquele momento.

À época, tal justificativa era plenamente aceita. Assim, a tabela do Imposto de Renda foi corrigida apenas nos anos de 1995, 2001 e 2007, de modo que milhões de trabalhadores isentos passaram a contribuir, eis que a renda deles tinha crescido pelo sucesso absoluto do plano econômico

A luta pela livre-iniciativa

adotado pelo Governo Fernando Henrique Cardoso e continuado, sem dúvida, pelo Governo do Presidente Lula.

Hoje, no entanto, referida justificativa não se mantém mais. O Plano Real está consolidado, o Governo Federal, ano a ano, bate recordes e mais recordes de arrecadação, a inflação está mais ou menos sob controle e a renda do trabalhador aumenta gradativamente, de modo que não é justo que a União avance ainda mais no dinheiro do contribuinte por intermédio do aumento indireto da carga tributária – isto é um aumento indireto de carga tributária.

É premente a atualização da tabela de Imposto de Renda da Pessoa Física.

O aumento da carga tributária pela não correção da tabela do Imposto de Renda foi destaque de primeira página, Sr. Presidente, do jornal *O Globo*, edição de quarta-feira, do dia 17 de novembro de 2010, sob o título: "Sem correção da tabela, o IR vai subir o ano que vem" – mais imposto.

A matéria traz estudos realizados pelo Sindicato Nacional dos Auditores da Receita Federal que indicam que, entre os anos de 1995 e 2010, a correção da tabela de Imposto de Renda da Pessoa Física foi de apenas 88,51%, sendo que a inflação medida pelo Índice de Preços ao Consumidor Ampliado, o IPCA, acumulada no mesmo período, foi de 209,36%, o que significa que há um resíduo a ser compensado de 64,1% em relação à tabela vigente no ano de 1995.

Portanto, Senador Mozarildo Cavalcanti, essa defasagem faz com que o contribuinte pague até 800% a mais de imposto do que pagaria caso a tabela tivesse sido integralmente corrigida desde 1995, de acordo com cálculos realizados pelo próprio sindicato, o Sindifisco.

Simulações realizadas na referida matéria, tendo como base a tabela do Imposto de Renda ainda vigente e outra tabela do Imposto de Renda com a hipótese de correção integral da tabela atual, mostram que alguns contribuintes poderiam ter uma redução de quase 90% do valor do Imposto de Renda pago. E os benefícios seriam ainda maiores para quem ganha menos.

Naquele estudo, uma pessoa com renda de R$2,5 mil, por exemplo, paga hoje R$101,56 por mês ao Leão. Se a tabela tivesse sido ajustada incorporando toda a variação da inflação desde 1995, o imposto mensal cairia para apenas R$11,26. Ou seja, este contribuinte está pagando 800% a mais de imposto hoje em dia. Já um contribuinte com renda de R$4 mil teria o Imposto de Renda reduzido ao dos atuais R$407,22 para R$159,61.

Tal correção representaria uma melhoria considerável no nível de vida do trabalhador brasileiro. No entanto, é evidente que o Fisco não reajustará a tabela do Imposto de Renda da Pessoa Física se não houver mobilização de toda a sociedade brasileira.

Antecipando-me ao referido clamor social que já se faz ouvir nas ruas e até mesmo às ações do Governo Central, comunico ao Senado Federal, Sr. Presidente, que ontem, quarta-feira, 1º de dezembro, propus projeto de lei que objetiva alteração da Lei nº 11.482, de 31 de maio de 2007, para fixar a tabela progressiva do Imposto de Renda incidente sobre os rendimentos de pessoas físicas para o ano calendário de 2011 e seguintes.

Pois não, Senador Mozarildo Cavalcanti.

O Sr. Mozarildo Cavalcanti (PTB - RR) - Senador Alfredo Cotait, como disse o Senador Mão Santa, V. Exª em pouco tempo já mostrou realmente não só o seu brilhantismo, a sua capacidade, e hoje faz um pronunciamento que é um verdadeiro alerta para a Nação, porque imagino que praticamente quase todos os brasileiros não estejam atentos ou alertados para essa questão. Primeiro, eu sempre discuti e já vi discussões sobre isto: será que salário é renda? E aí V. Exª sabe que a faixa salarial isenta do Imposto de Renda é muito pequena. E ainda vem mais essa, vamos dizer assim, malvadeza de não se fazer o reajuste da tabela. Quer dizer, o assalariado vai pagar mais ainda e sei que quem menos escapa de Imposto de Renda é justamente o assalariado, porque já vem descontado na folha, ele não tem como inventar muito, a não ser depois, quando vai prestar a sua declaração de Imposto de Renda, é que ele pode fazer algum abatimento. Mas o certo é que o dinheiro é tirado dele logo na hora e devolvido muito depois, depois de muito exame. Quero parabenizá-lo pelo pronunciamento e pela apresentação do projeto, que visa justamente corrigir uma grande injustiça, porque todos os impostos, de um modo geral, no Brasil, já são escorchantes. Mas esse do Imposto de Renda, que atinge a pessoa assalariada, por maior que seja o salário, é realmente uma coisa muito perversa, ainda mais se não houver o reajuste na tabela, que V. Exª está propondo. Quero, portanto, parabenizá-lo pelas duas coisas: pelo pronunciamento e pela apresentação do projeto.

O SR. ALFREDO COTAIT (DEM - SP) - Eu queria agradecer a V. Exª pelas palavras e dizer, Senador Mozarildo Cavalcanti, que, na verdade, isso é aumento indireto de imposto. Nós temos que atentar para esse fato, nós, que lutamos tanto pela redução dos impostos, para que haja uma melhor gestão dos recursos públicos e para que a carga tributária não aumente, penalizando ainda mais a sociedade; essa é uma forma indireta que nós temos que realmente passar a observar para que isso não aconteça.

Sr. Presidente, a referida proposição visa tão somente corrigir a Tabela de Imposto de Renda deste ano em apenas 10%, permitindo repor parte das perdas provocadas pela inflação no seu impacto sobre a Tabela do Imposto de Renda da Pessoa Física, inadequadamente corrigida pelo efeito do processo inflacionário.

No projeto de lei de minha autoria, em caráter permanente, a partir de 2012, é introduzido na legislação nacional do imposto de renda um fator de correção anual, ligado à taxa de inflação medida anualmente pelo IPCA e correspondente ao ano anterior àquele em que será feita a correção.

O projeto inova ao introduzir outro fator de correção, neste caso ligado ao aumento de Produto Interno Bruto *per capita* do ano precedente ao anterior em que será feita a correção.

Sem esses dois mecanismos, o contribuinte tende a avançar pela Tabela do Imposto de Renda em direção a alíquotas maiores, configurando assim um aumento de carga tributária generalizado e automático.

Evitar-se-ia, também, que o Poder Executivo Nacional, de tempos em tempos, adotasse inúmeras medidas provisórias para o reajuste da Tabela do Imposto de Renda da Pessoa Física, que servem apenas para emperrar o processo legislativo nacional e trancar a pauta do Congresso Nacional.

Feitas essas observações, temo que a União não tenha interesse em corrigir a Tabela do Imposto de Renda ainda em vigor, pois a mídia nacional divulga com bastante frequência que a equipe econômica do Governo Lula e os técnicos da área e assessores da futura Presidenta Dilma Rousseff não descartam corrigir a tabela atual do imposto de Renda, mas que "o assunto precisa ser amadurecido".

Há quem diga, contudo, que o Governo reluta em fazer qualquer correção da tabela e que, se o fizer, isso ocorrerá apenas para fins de correção ligada à inflação anual de 2010.

Nessas condições, o Congresso Naciónal precisa tomar a iniciativa de propor a correção imediata da Tabela do Imposto de Renda da Pessoa Física. E é com este objetivo que consulto os Líderes das duas Casas a aprovar, em regime de urgência urgentíssima, essa proposição de minha autoria.

Por fim, Sr. Presidente, considero também que a correção da Tabela do Imposto de Renda da Pessoa Física, aqui apresentada, não representa uma renúncia fiscal. É, sim, uma questão de justiça fiscal, ao cobrar impostos dos trabalhadores brasileiros dentro da capacidade contributiva deles, principalmente em virtude das previsões feitas pelo Ministro do Planejamento, Paulo Bernardo, no início desta semana, na Comissão Mista de Orçamento do Congresso Nacional, em relação ao Orçamento Geral da União de 2011, que o índice de crescimento da economia brasileira ficará próximo de 7,5% contra uma previsão inicial de 6,5%.

Ademais, estudos realizados pelo Sindifisco indicam que arrecadação federal aumentou, e muito, em 2010 no acumulado do ano, até o mês de setembro, houve um aumento real de 7,3% em relação ao ano de 2009.

A correção da Tabela do Imposto de Renda da Pessoa Física, nos níveis propostos nesse projeto de lei, permitirá o aumento da renda líquida dos contribuintes das faixas de tributação mais baixa e representará ganho relativamente menor para os das faixas de renda mais elevada, porque, nesse caso, sua tributação é maior e não significará perdas reais para o Fisco, pois o órgão não estaria abrindo mão do que é seu, mas simplesmente deixando de arrecadar o que não é devido, considerando que a carga tributária sobre o contribuinte já é extremamente pesada.

Fica aqui, então, a mensagem de que esta Casa será líder neste processo para nós revermos a Tabela de Imposto de Renda da Pessoa Física.

Sr. Presidente, eu agradeço muito a sua generosidade de permitir este meu pronunciamento.

Era o que eu tinha a dizer sobre o assunto.

Muito obrigado.

Discurso durante a 207ª Sessão Deliberativa Ordinária, no Senado Federal

Necessidade de desmembramento do Ministério do Desenvolvimento, Indústria e Comércio Exterior criando-se uma pasta dedicada exclusivamente ao comércio exterior, com especialização e recursos suficientes para assegurar melhorias no setor.

14 de dezembro de 2010

Meu caro Presidente, Senador Mão Santa, caro amigo, Senador Suplicy, quero hoje fazer um comentário, ao assumir a tribuna, sobre a necessidade de o Ministério do Desenvolvimento, Indústria e Comércio Exterior, o MDIC, se dividir, criarem-se, na verdade, dois Ministérios: um de Desenvolvimento, Indústria e Comércio; e, outro, de Comércio Exterior. Isso porque, meu caro Presidente, a aglutinação ou o desmembramento de ministérios é uma questão recorrente ao início de cada administração federal.

Afinal, assim como a lei de um país, a estrutura do Poder Executivo deve acompanhar a evolução da sociedade, assim como a conjuntura do País e as prioridades de governo.

O atual Ministério do Desenvolvimento, Indústria e Comércio Exterior – MDIC, como é conhecido – é o sucessor da pasta criada nada menos que 50 anos atrás, em 1960, como o Ministério do Trabalho, Indústria e Comércio. Desde então, o amadurecimento da questão trabalhista no Brasil levou à especialização da matéria, que se desvinculou do Ministério original. O Ministério remanescente, o da Indústria e

Comércio, perdurou até 1999, ao agregar legitimamente temas como o desenvolvimento econômico e o comércio exterior, formulação que mantém até nossos dias.

Passados onze anos, Sr. Presidente, o Brasil hoje vive como nunca uma expectativa real de se tornar figura de proa na comunidade internacional. Já inserido entre as maiores economias mundiais, o País surge da crise econômica mundial como virtual baluarte de uma nova ordem, que lhe renderá prerrogativas de influência tanto política quanto econômica no concerto das nações. Nessa trilha, encaramos de frente o grande desafio da distribuição da renda, do desenvolvimento sustentável, do progresso inclusivo e da erradicação da pobreza, aprimoramento científico e tecnológico, todos esses temas transversais, que implicam na ação coordenada de outras áreas do Poder Público Federal, todos esses temas igualmente pertinentes ao domínio de um "Ministério do Desenvolvimento" propriamente dito, afeto às políticas de organização e articulação de organismos que lhes são subordinados, tais como a Suframa, o INPI, o Inmetro, o BNDES, entre outros.

Enquanto isso, a disciplina que um dia se chamou simplesmente "Comércio" e se transformou em "Comércio Exterior" ao final do último século, não para de crescer em dimensão.

Na década de 1970, falávamos em exportação *versus* importação. Com o passar dos anos, essa noção provou estar obsoleta. Novas modalidades ganharam relevância. A transferência de conhecimento e de tecnologia, bem como as parcerias e negócios entre países. Nem compradores nem vendedores entre si, mas, sim, sócios, visando a complementaridade na conquista de terceiros mercados, sempre de forma conjunta.

Ainda há 40 anos passados, ao falarmos de "Comércio Exterior", pensávamos imediatamente na compra e venda prioritária de bens que cada qual tinha a disponibilidade ou vocação para fornecer. Avançamos, desde então, à igual comercialização de serviços e da propriedade intelectual. Daquela época a nossos dias, o Brasil, que era o "país do futuro" e, como tal, apregoado o "celeiro do mundo" – coisa que continua a ser no presente, deixou de ser provedor exclusivo de *commodities*, graças aos abundantes recursos naturais disponíveis. O Brasil de hoje, que produz desde aviões de última geração até biocombustíveis a partir de tecnologia própria, tornou-se incomparavelmente mais atuante e capaz que então.

A luta pela livre-iniciativa

Ao mesmo tempo, o fenômeno da globalização e o extraordinário desenvolvimento dos transportes e das comunicações, com o encolhimento das instâncias e fusão de mercados, acirraram a concorrência entre os países agentes desse "comércio exterior". A promoção comercial, isto é, a divulgação, o verdadeiro marketing das habilidades próprias, tornou-se prática essencial na nova distribuição de forças, conquista de mercados e exercício do protagonismo político-econômico de uma nação que aspira a um papel de liderança, como a nossa. O Presidente Lula, em seus oito anos de Governo, empregou, de forma contínua e louvável, esforços para apregoar e incutir a presença brasileira em rincões antes menos explorados, além de consolidar alianças com parceiros tradicionais, em ação que corrobora com a relevância da questão.

O comércio exterior brasileiro de 2008, no valor de US$371 bilhões, imediatamente antes que a crise mundial viesse distorcer a tendência, chegava, em números grosseiros, à marca de aproximadamente 30% do PIB nacional, atestando a importância dessa modalidade para o futuro do País. Mesmo assim, muito embora estejamos entre as dez maiores economias do mundo e sejamos um dos mais ovacionados membros do exclusivo grupo dos países candidatos a potências globais, o Bric, continuamos atrás de mais de outras 20 nações em matéria de comércio exterior.

A disparidade entre nossa classificação de direito e a fatia ocupada nos negócios internacionais comprovam, a despeito de circunstâncias sujeitas à evolução, tais como a situação cambial, fiscal ou de juros, o muito que nos resta progredir rumo à equalização de tais resultados. Pela lógica, nosso *ranking*, enquanto mercado, deve ser, pelo menos, próximo do montante que comerciamos no mundo.

Para alcançarmos tais objetivos, devemos nos inspirar em exemplos virtuosos. Um deles é o órgão oficial de crédito à exportação, o Exim Bank, criado nos Estados Unidos por Franklin Roosevelt em 1934, durante o *New Deal*, para oferecer suporte financeiro à exportação de produtos e serviços, assumir riscos que o setor privado não se dispõe a fazer, cujas transações beneficiam, em 85% das vezes, os pequenos negócios daquele país.

Atuando no Brasil há mais de 60 anos, o Exim Bank apoia centenas de milhões de dólares em exportações americanas. Para tanto, além de financiar as compras de pequenas e médias empresas brasileiras nos Estados

Unidos, coopera com o nosso BNDES no financiamento de projetos de infraestrutura e meio ambiente, com ênfase nos modelos de PPP existentes no Brasil. Comprometido com a ampliação das trocas conosco, o Exim Bank chegou a credenciar o real como moeda apta ao Programa de Garantia de Moedas Estrangeiras.

O Ex-Im Bank reflete dessa maneira uma estratégia bem-sucedida de longo prazo no fomento do comércio, especialmente na base da pirâmide produtiva. Como tal, é um modelo passível de inspirar um programa semelhante por parte do governo brasileiro.

Mas não é só. Ao retornarmos à análise do atual MDIC, observamos que sua competência cresceu além da capacidade de uma única unidade administrativa, a despeito do bom trabalho executado nos últimos anos. Apenas no quesito "comércio exterior", esse ministério é responsável por toda a política, estratégia, regulação e promoção das ações afeitas, tendo sob sua responsabilidade importantes órgãos, tais como a Camex, Câmara de Comércio Exterior, e a Apex, sua agência de promoção internacional, tudo isso sem contar com as igualmente amplas atribuições já atinentes ao "desenvolvimento".

Por tudo isso, além de abrir a discussão em torno do cabimento da criação de um Ex-Im Bank para o Brasil, defendemos o desmembramento, Sr. Presidente, do MDIC, com a criação de uma pasta dedicada exclusivamente ao comércio exterior, com especialização e recursos suficientes para assegurar melhorias no setor, tais como a elevação de resultados, a ampliação e diversificação das pautas negociadas, além da promoção, cada vez mais intensiva e eficaz, de nossos produtos.

O Brasil participa do comércio internacional, Sr. Presidente, com menos de 1% do volume total. É uma participação inexpressiva tendo em vista o tamanho do mercado e a importância que o Brasil desfruta no cenário internacional. Temos que ter um Ministério específico de comércio exterior que trace uma estratégia de crescimento...

O SR. ALFREDO COTAIT (DEM - SP) -...por exemplo, atingir 3% até o fim do mandato da Presidente Dilma e que proponha ações pontuais e regionais para o incremento do comércio.

Reporto-me, por exemplo, à última viagem efetuada pelo MDIC ao mundo árabe, extremamente receptivo aos produtos e serviços brasileiros, todos interessados em parcerias com as empresas brasileiras,

A luta pela livre-iniciativa

prontos para fazerem investimentos em nosso País, além do interesse da transferência de tecnologia e grande interesse, Sr. Presidente, na exploração do pré-sal. Abrem-se aí grandes oportunidades. Vamos ter um foco direcionado para essas ações junto com a estrutura do Itamaraty através da rede de nossas embaixadas.

Se acolhida pela Presidenta Dilma, essa moção poderá, sem dúvida, auxiliar o País nesses anos de grandes promessas e desafios, impulsionando ainda mais um segmento vital para nossos justos sonhos de prosperidade e bem-estar. Longe de inchar a máquina ou gerar burocracia a separação de desenvolvimento e comércio exterior deverá resultar em maior eficiência e objetividade. É com esse objetivo que oferecemos à Presidente eleita essa contribuição através desta Casa, do Senado Federal, com o devido apoio de nossos Pares, que, sem dúvida, haverão de reconhecer seus benefícios.

Sr. Presidente, querido Senador Mão Santa, eram essas as minhas considerações, da importância que temos, hoje, de dividir o MDIC e dar ao comércio exterior uma visão própria, uma visão de estratégia, de País grande, que é o Brasil, para nós avançarmos e aumentarmos a nossa participação no comércio exterior.

Muito obrigado.

Discurso durante a 208ª Sessão Deliberativa Extraordinária, no Senado Federal

Parabeniza a Presidente da República eleita, Dilma Rousseff, pela nomeação do embaixador Antônio Patriota ao cargo de Ministro das Relações Exteriores.

15 de dezembro de 2010

O SR. ALFREDO COTAIT (DEM - SP. Sem revisão do orador.) - Sr. Presidente, quero fazer menção à indicação da Presidenta Dilma referente ao novo Chanceler, que é o Embaixador Antonio Patriota, cujo trabalho tenho acompanhado. É um jovem extraordinário. Foi Embaixador do Brasil em Washington e, realmente, é uma pessoa, hoje, preparada para ser nosso Chanceler e continuar a política externa do nosso Governo.

Portanto, eu queria deixar aqui essa menção, parabenizando a Presidenta Dilma pela escolha do Embaixador Antonio Patriota como nosso novo Chanceler.

Obrigado, Sr. Presidente.

Discurso durante a 216ª Sessão Deliberativa Ordinária, no Senado Federal

Justificativas para apresentação e apelo para a aprovação do Projeto de Lei 310, de 2010, de autoria de S.Exa., que institui o Programa Federativo de Investimentos Públicos - PROFIP.

21 de dezembro de 2010

Exmº Sr. Presidente Senador Mão Santa, no dia 30 de novembro do corrente ano, ocupei a tribuna do Senado Federal para cobrar ações efetivas e concretas do Governo Federal que permitiriam a elevação dos investimentos públicos no País, em virtude principalmente das limitações impostas aos Estados e Municípios pela Lei de Responsabilidade Fiscal. Comprometi-me, então, a apresentar à Casa projeto de lei para atingir aquela finalidade.

Tenho a honra, pois, de informar aos meus Pares do Senado Federal que protocolei na Secretaria-Geral da Mesa, quarta-feira passada, projeto de lei que institui o Programa Federativo de Investimentos Públicos, a quem denominei Profip, que objetiva permitir aos Estados, Distrito Federal e Municípios abaterem até 30% das prestações devidas à União, no âmbito do Programa de Apoio à Reestruturação e ao Ajuste Fiscal de Estados e Municípios e programas de investimento dos governos subnacionais nas áreas de infraestrutura e, em particular, na área de transporte público.

É o PLS nº 310, de 2010, que procura atender a vários objetivos, dos quais destaco: o primeiro objetivo é expandir substancialmente os investimentos públicos em programas de infraestrutura, principalmente nas áreas de transporte, saneamento e prevenção contra enchentes.

A proposição também leva em conta a dificuldade de o Governo Federal realizar obras por todo o País em face de carências, inclusive de pessoal, para administrá-las, bem como para realizar sua fiscalização *in loco*.

Essa dificuldade se evidenciou nos anos recentes, em face das frequentes notícias de atrasos e outros problemas na execução de obras do Programa de Aceleração do Crescimento, o PAC, do Governo Federal, disseminadas por todo o País.

Do ponto de vista dos entes federativos que devem à União, sua crônica carência de recursos comparada à do Governo Federal tornou-se bastante crítica e também em contínuo processo de agravamento, diante da forma como evoluíram seus compromissos quanto a essa dívida federalizada.

Em síntese, essas dificuldades decorrem do exíguo prazo para o pagamento de montantes vultosos e do forte crescimento desses montantes em razão da aplicação do Índice Geral de Preços - Disponibilidade Interna (IGP-DI), da Fundação Getúlio Vargas, como indexador das prestações e dos saldos dessas dívidas.

Por exemplo, para se ter uma ideia dos recursos vultosos que hoje absorvem esses pagamentos, Sr. Presidente, o Estado de São Paulo, que represento nesta Casa, paga à União recursos da ordem de R$9 bilhões por ano.

Somente o Município de São Paulo, em 2011, terá que fazer pagamentos relativos à sua dívida federalizada da ordem de R$4 bilhões. Ressalta-se que esses recursos provêm na sua quase totalidade de impostos pagos por contribuintes estaduais e contribuintes municipais, constituindo assim montantes vultosos que são transferidos à União, gerando enormes dificuldades para realizar novos investimentos no âmbito estadual e também na capital paulista.

Dificuldades proporcionalmente semelhantes são enfrentadas por vários outros entes federativos, como, Sr. Presidente, o Estado do Rio Grande do Sul, que devia à União cerca de R$10 bilhões em 1997, época da renegociação das dívidas públicas, por intermédio da Lei nº 9.496/1997, e em 2009 devia aproximadamente R$40 bilhões.

O Estado da Bahia, que devia à União mais de R$1 bilhão, em 1997, em 2009 devia pouco mais de R$10 bilhões. O Estado de Goiás, que devia R$1,5 bilhão, está devendo em 2009 R$12,5 bilhões.

Assim, nessa situação financeira lamentável, todos os Estados e Municípios brasileiros hoje retiram parcelas importantes de seus escassos recursos, que deveriam ser direcionados a investimentos públicos em infraestrutura, para pagar à União.

Daí a importância da aprovação do PLS nº 310, de 2010, de minha autoria, pois que atende tanto às dificuldades do Governo Federal em levar adiante seus investimentos como à carência de recursos no plano das Unidades da Federação e dos Municípios que têm dívidas federalizadas.

Acrescenta-se que, excluídas as empresas estatais da União, os Estados, o Distrito Federal e os Municípios realizam a maior parte dos investimentos públicos que são feitos no País e têm grande experiência em fazer isso no espaço geográfico sob a sua jurisdição.

Não todos os projetos dos governos subnacionais que poderão ser custeados no âmbito do Profip, mas apenas os de investimentos públicos realizados nas áreas de infraestrutura, principalmente nas áreas de transporte, saneamento e prevenção contra enchentes.

Ademais, na proposição apresentada, sugiro que seja destinado metade dos recursos do Profip, nos dez primeiros anos de vigência do plano, em projetos relacionados a Municípios e regiões circunvizinhas com mais de dois milhões de habitantes, segundo o Censo Demográfico de 2010, com obrigatoriedade de destinação dos recursos à construção e ampliação de redes metroviárias e/ou de trens de passageiros, admitido também dentro desse limite o investimento em terminais aeroportuários em geral e multimodais de passageiros.

A proposta também impõe a Estados, Distrito Federal e Municípios que continuem nos seus esforços de manutenção do equilíbrio fiscal, imposto pela Lei de Responsabilidade Fiscal, ao limitar o credenciamento do Profip àqueles entes federativos que ampliarem, a cada ano, o quociente entre seus investimentos e sua receita corrente líquida, para um resultado acima do seu valor médio nos dois anos anteriores, pelo menos em magnitude correspondente aos recursos resultantes do Profip, utilizados no mesmo ano.

Tomo o cuidado de excluir do cálculo desse valor médio os investimentos realizados com receitas extraordinárias, desde que comprovadas pelo sistema contábil do ente federativo e com a anuência do respectivo Tribunal de Contas.

A proposição apresentada é importantíssima, Sr. Presidente, razão pela qual conclamo meus Pares desta Casa do Congresso, que tipicamente tem o papel de zelar pela preservação do equilíbrio federativo, que este importantíssimo projeto seja aqui rapidamente aprovado e encaminhado à Câmara dos Deputados, na qual acreditamos haver também interesse em levá-lo adiante, pois muito convém aos entes federativos e seus habitantes representados pelos senhores Deputados Federais.

Confiamos também no bom senso da futura Presidente da República, Senhora Dilma Rousseff, que certamente perceberá que se trata de um projeto que atende à sua disposição de aumentar sensivelmente os investimentos públicos no País e também de buscar esse aumento com maior eficácia, eficiência e equidade federativa, contribuindo, assim, de forma marcante, para dar força ainda maior ao Programa de Aceleração do Crescimento (PAC), que ela tanto se empenhou por criar e executar enquanto Ministra-Chefe da Casa Civil do Governo do Presidente Luiz Inácio Lula da Silva.

Sr. Presidente, era o que eu tinha a dizer.

Muito obrigado.

Discurso durante a 217ª Sessão Deliberativa Ordinária, no Senado Federal

Prestação de contas do mandato parlamentar de S.Exa. aos seus pares e à população do Estado de São Paulo.

22 de dezembro de 2010

Sr. Presidente, Srªs e Srs. Senadores, povo brasileiro e, em especial, à população paulista, a quem tenho a honra de representar no Senado da República.

Ocupo a Tribuna do Senado da República na tarde de hoje para fazer uma espécie de prestação de contas de meu mandato parlamentar aos meus Pares do Senado Federal e, principalmente, à população do meu Estado de São Paulo.

Hoje, completo apenas 48 dias do meu mandato de Senador da República, e neste curto espaço de tempo procurei cumprir o compromisso assumido por ocasião da posse em virtude do falecimento de meu querido amigo Senador Romeu Tuma, parlamentar conciliador que tinha admiração de todos no Congresso Nacional.

Vi-me, então, diante de um grande desafio que era substituir um político da estatura do Senador Tuma. Não me restou, então, outra alternativa que não fosse trabalhar muito neste curto período e assim o fiz.

Integrando a Comissão de Relações Exteriores e Defesa Nacional (CRE) tive a oportunidade de relatar duas importantíssimas matérias:

1ª. O PDS 722/2009, da própria CRE, que aprovou o texto do Acordo entre o Governo da República Federativa do Brasil e o Governo da República Francesa Relativo à Cooperação no Domínio da Defesa e ao

Estatuto de suas Forças, assinado em Paris, em 29 de janeiro de 2008; e

2ª. O PRS 61/2010, que Institui o Grupo Parlamentar Brasil-Sérvia, de autoria do ilustre Senador Eduardo Azeredo.

No dia 12 de novembro de 2010, fui designado para representar o Senado Federal no encontro com o Senador Gilberto Bonalumi, Presidente da Rede Itália América Latina (RIAL), em Milão, na Itália.

Participei em duas ocasiões de Sessões Extraordinárias do Parlamento do Mercosul, no Uruguai.

Integrei, também, comitiva parlamentar em visita oficial ao Chile, nos dias 6 e 7 deste mês, atendendo convite da Comissão de Relações Exteriores desta Casa.

Na área do comércio exterior, fiz intervenção nesta Casa, no último dia 14, alertando os congressistas e o Governo Federal da necessidade de desmembramento do Ministério do Desenvolvimento, Indústria e Comércio Exterior para se criar uma pasta dedicada exclusivamente ao comércio exterior, com especialização e recursos suficientes para assegurar o cumprimento de um programa de metas necessário a aumentar a participação brasileira nas transações internacionais.

No início deste mês, fiz importante registro sobre a extinção, a partir do ano que vem, do mecanismo de correção da tabela do Imposto de Renda das pessoas físicas que vinha sendo aplicado nos últimos quatro anos, o que elevará a carga tributária sobre os rendimentos dos trabalhadores, alertando sobre essa forma indireta de aumento de imposto.

No dia 2/12/2010, fiz breves comentários a respeito da candidatura da Cidade de São Paulo à sede da Exposição Universal de 2020, que se trata do terceiro maior evento internacional, que visa alavancar desenvolvimento, desejo de toda a sua população. A candidatura da cidade aguarda referendo do governo federal, e novamente peço ao presidente Lula que confirme a indicação da cidade antes do término de seu mandato.

Nesta mesma oportunidade, relatei o esforço desempenhado pela Cidade de São Paulo em organizar o encontro dos prefeitos das 40 maiores cidades do mundo, o C-40 que discutirá as principais ações desempenhadas pelas cidades na preservação ao meio ambiente para combater as mudanças climáticas e que ocorrerá nos dias 31/5 a 2/6 de 2011.

Cobrei, desta mesma tribuna que hoje tenho a honra de discursar, ações efetivas e concretas do Governo Federal para a elevação dos

A luta pela livre-iniciativa

investimentos públicos no País, em virtude, principalmente, das limitações impostas, nos Estados e Municípios, pela Lei de Responsabilidade Fiscal, oferecendo sugestões para a melhoria dos níveis de investimento público no Brasil, nos Estados e Municípios.

Informei ao Congresso Nacional e ao povo brasileiro e paulista, no dia 24/11/2010, que apresentei proposição legislativa estabelecendo 2 (dois) prêmios nacionais: os prêmios César Lattes e Santos Dumont, com o objetivo de incentivar a pesquisa e o desenvolvimento nacionais.

Em virtude de laços históricos e culturais existentes entre o Brasil e o Líbano, no dia 23/11/2010, saudei o transcurso do sexagésimo sétimo aniversário de independência daquele pequeno país do Oriente Médio, Líbano, retratando fatos de sua trajetória histórica e de sua ligação fraterna com o Brasil.

Parabenizei, da tribuna desta Casa, o transcurso, no dia 11 de setembro último, dos 20 anos do Código de Defesa do Consumidor, salientando a necessidade de implantação do "cadastro positivo" como forma de redução dos custos de concessão de crédito aos consumidores.

Em relação ao cadastro positivo, empenhei-me pessoalmente junto aos eminentes Senadores Marco Maciel, e Aloísio Mercadante, relatores da Emenda da Câmara dos Deputados ao PLS 263/2004, de autoria do Senador Rodolpho Tourinho, que dispunha sobre a formação do cadastro positivo nos Sistemas de Proteção ao Crédito, obtendo a aprovação da matéria.

No campo de proposições legislativas, apresentei 10 (dez) projetos de leis, a seguir discriminados:

O PLS 292/2010, de 24/11/2010, que institui 2 (duas) premiações para cidadãos brasileiros atuantes individualmente ou em instituições localizadas no Brasil, inclusive empresas. O prêmio César Lattes, oferecido em adição ao Prêmio Nobel. O Santos Dumont, aos que criarem inovações de interesse nacional.

O PLS 302/2010, de 01/12/2010, que efetua alterações nos artigos 1º, 2º e 3º da Lei nº 11.482, de 31 de maio de 2007, para fixar a tabela progressiva do imposto de renda incidente sobre os rendimentos de pessoas físicas para o ano-calendário de 2011 e seguintes e dá outras providências.

O PLS 303/2010, de 01/12/2010, que modifica o inciso II, do artigo 3º, da Lei nº 9.496, de 11 de setembro de 1997, e altera o inciso III, do artigo 2º, da Medida Provisória nº 2.185-35, de 24 de agosto de 2001, para substituir o critério de correção das parcelas da dívida mobiliária dos Estados, Distrito Federal e Municípios pelo Índice de Preços ao Consumidor Ampliado (IPCA), calculado pelo Instituto Brasileiro de Geografia e Estatística (IBGE).

O PLS 310/2010, de 08/12/2010, que cria o Programa Federativo de Investimentos Públicos - PROFIP -, que autoriza os Estados e o Distrito Federal a abaterem até 30% (trinta por cento) das prestações devidas à União, no âmbito do Programa de Apoio à Reestruturação e ao Ajuste Fiscal dos Estados, de que trata a Lei nº 9.496, de 11 de setembro de 1997, desde que os recursos correspondentes sejam aplicados localmente em investimentos públicos de natureza e nas condições que o projeto especifica. Quanto aos Municípios, o mesmo abatimento será permitido relativamente às prestações devidas à União em decorrência de programa semelhante, estabelecido pela Medida Provisória nº 2.185-35, de 24 de agosto de 2001.

O PLS 319/2010, de 14/12/2010, que amplia o limite de receita bruta total para ingresso de pessoas jurídicas no regime de lucro presumido para tributação pelo Imposto de Renda, alterando os artigos 13 e 14, da Lei nº 9.718, de 27/11/1998.

O PLS 323/2010, de 15/12/2010, Complementar, que veda a exigência da substituição tributária prevista no artigo 150, § 7º, da Constituição, para os optantes do Simples Nacional instituído pela Lei Complementar nº 123, de 14 de dezembro de 2006.

Os quatro projetos de lei restantes, ingressei junto à Secretaria-Geral da Mesa do Senado em 21/12 2010 que aguardam o seu número cadastral.

O primeiro PLS trata da sucumbência recursal, atendendo a sugestão do desembargador aposentado do TJSP, Francisco César Pinheiro Rodrigues.

O segundo PLS é uma proposição que institui o Programa de Desburocratização Tributária, a quem denominei Pronadestri, inspirado nas sempre importantes lições do mestre Dr. Everardo Maciel, ex-Secretário da Receita Federal.

O terceiro projeto de lei objetiva impor restrição à duração do mandato de clubes, federações, confederações e outras entidades esportivas que recebam recursos do governo federal.

A luta pela livre-iniciativa

O quarto, e último PLS, diz respeito a dívida federalizada dos Municípios, para reduzir a taxa de juros de 9% para 6%, como a dos Estados, e troca de indexador (IGP-DI pelo IPCA).

Apresentei também uma proposta complementar a de Emenda Constitucional que objetiva alterar o artigo 150 da Constituição Federal e estabelecer o princípio da anterioridade plena na área tributária, além de acrescentar artigo aos atos das disposições transitórias no intuito de vedar o aumento progressivo da carga tributária até o ano de 2016.

Também gostaria de mencionar a importância das mudanças no supersimples, que é o projeto PLP nº 591/10 que aperfeiçoa e propõe alterações na lei Geral da Micro e Peq. Empresas com a correção dos valores de enquadramento: para microempresas passa de R$ 240 mil para R$ 360 mil por ano; para empresa de pequeno porte de R$ 2,4 milhões para R$ 3,6 milhões anuais. As micro e pequenas empresas geram mais de 60% dos empregos formais do país. Essa proposta deve ser tratada como projeto social e não arrecadatório. A sua não adoção poderá trazer um grande prejuízo para a geração de empregos para o ano que vem.

Gostaria de aproveitar a oportunidade e agradecer a colaboração do prof. Roberto Macedo, do pessoal de meu gabinete destacando o João Carlos Carneiro e a Jussanan Santos. Também gostaria de agradecer aos senadores do meu partido Democratas através do senador Marco Maciel e dos líderes senador Agripino Maia e senador Antonio Carlos Magalhães Jr. pela acolhida e orientação. Aos demais senadores registrar minha admiração pelo trabalho desenvolvido e meus agradecimentos pela receptividade e amizade.

É com a sensação de dever cumprido, tenho o orgulho de dizer que integrei o Senado da República, que participei dos debates e decisões da Casa como um aprendiz; apresentei minhas proposições com o intuito de colaborar com o avanço da democracia e das instituições; percebi que cada um dos integrantes do Senado Federal traz a experiência e o conhecimento dos problemas em defesa de seus Estados valorizando a Federação e é aqui que aprende-se e pode-se ter uma visão da realidade da dimensão que é o BRASIL.

Humildemente, agradeço a Vossas Excelências o convívio, a troca de experiência e o aprendizado nesta Casa.

Muito obrigado!

Acima, participando de uma comissão no Senado. Ao lado, com Marco Maciel, senador e vice-presidente.

Acima, trabalhando no meu gabinete no Senado. À esquerda, abrindo as portas da Associação Comercial.